## IMPRESSUM

Math. Lempertz GmbH
Hauptstraße 354
53639 Königswinter
Tel.: 02223 / 90 00 36
Fax: 02223 / 90 00 38
info@edition-lempertz.de
www.edition-lempertz.de

© 2015 Mathias Lempertz GmbH

Alle Rechte vorbehalten. Ohne ausdrückliche Genehmigung des Verlages ist es nicht gestattet, das Buch oder Teile daraus zu vervielfältigen oder auf Datenträger aufzuzeichnen.

Dieses Kochbuch wurde nach bestem Wissen und Gewissen verfasst. Weder der Verlag noch der Autor tragen die Verantwortung für ungewollte Reaktionen oder Beeinträchtigungen, die aus der Verarbeitung der Zutaten entstehen.
Der Markenname „Thermomix" ist rechtlich geschützt und wird nur als Bestandteil der Rezepte verwendet. Für Schäden, die bei der Zubereitung der Gerichte an Personen oder Küchengeräten entstehen, wird keine Haftung übernommen.
Bitte beachte die Anwendungshinweise der Gebrauchsanweisung deines Thermomixgerätes.

 www.facebook.com/MIXtippRezepte

Titelbild: Fotolia
Lektorat: Philipp Gierenstein, Alina Groß, Laura Liebeskind
Layout/Satz: Christine Mertens
Gesamtherstellung: CPI

ISBN: 978-3-945152-73-7

Fotos: © fotolia: Schwoab, Irina Schmidt, palbl4, MNStudio, D. Ott, Africa Studio, Arkady Chubykin, Alliance, doris_bredow, jutaphoto, tunedin, pressmaster, Barbara Helgason, Printemps, Mavka, Romain-Quéré, S.Kobold, bofotolux, Viktorija, bit 24, Lsantilli, gekaskr, Kitty, kaleidoscope, lucky elephant, babsi_w, Marco Mayer, evgenyb, Yvonne Bogdanski, FOOD-images, Christa Eder, gorkos, JJAVA, lily_rocha, Igor Dutina, Quade, mizina, brebca, Christian Fischer, Gorilla, aibstudio, emeraldphoto, Bogdan Wankowicz, Andrey Starostin, Barbara Pheby, Schwoab, A_Lein, Eva Gruendemann, HandmadePictures, Boris Ryzhkov, Peredniankina, emmi, geografiker, marysckin, Simone van den Berg, Lenslife, vorclub, Mavka, Benjaminpx, FomaA, A_Lein
© shutterstock: zoryanchik, Visionsi, Bochkarev Photography

Herausgegeben von  Antje Watermann

# *Lieblings* SUPPEN

## KOCHEN MIT DEM THERMOMIX®

TM 5 & TM 31

LEMPERTZ

# INHALT

Vorwort .......................................... 7
Basisrezepte ..................................... 8
TIPPS zum Suppenkochen ....................... 10
Saisonkalender .................................. 12
Die besten Einlagen für deine Suppe .............. 14
Kleine Suppenkunde ............................ 15

## SUPPEN MIT FLEISCH UND FISCH

Schwedische Laxsoppa ........................... 18
Gurkensuppe mit Joghurt und Krabben ............ 20
Ungarische Gulaschsuppe ........................ 22
Grünkohlsuppe mit Gänsebrust ................... 24
Weiße Bohnensuppe mit Mettwurst ............... 26
Artischockencremesuppe mit Serrano ............. 28
Mango-Möhren-Suppe
mit Sesam und Garnelen ........................ 30
Räucherfischsuppe .............................. 32

## SUPPENKLASSIKER

Pfifferlingssuppe ................................ 36
Blumenkohlsuppe „Crème Dubarry" ............... 38
Tomatencremesuppe ............................ 40
Steinpilzsuppe .................................. 42
Kürbiscremesuppe .............................. 44
Allgäuer Käsesuppe ............................. 46
Knoblauchsuppe ................................ 48
Pastinakencremesuppe .......................... 50

## INTERNATIONALE SUPPEN

Minestrone All'Italiana . . . . . . . . . . . . . . . . . . . . . . . . 54

Kichererbsensuppe . . . . . . . . . . . . . . . . . . . . . . . . . . . 56

Zwiebelcremesuppe . . . . . . . . . . . . . . . . . . . . . . . . . . 58

Papayasuppe . . . . . . . . . . . . . . . . . . . . . . . . . . . . . . . . 60

Salmorejo . . . . . . . . . . . . . . . . . . . . . . . . . . . . . . . . . . . 62

Clam Chowder . . . . . . . . . . . . . . . . . . . . . . . . . . . . . . 64

Bananensuppe . . . . . . . . . . . . . . . . . . . . . . . . . . . . . . 66

Quittensuppe mit Zimtcroûtons . . . . . . . . . . . . . . . . . 68

## LIEBLINGSSUPPEN

Sauerkrautsuppe . . . . . . . . . . . . . . . . . . . . . . . . . . . . . 72

Oma Doras Kartoffelsuppe . . . . . . . . . . . . . . . . . . . . 74

Kukuruzsuppe . . . . . . . . . . . . . . . . . . . . . . . . . . . . . . 76

Rheinische Bohnensuppe . . . . . . . . . . . . . . . . . . . . . 78

Kohlrabi-Apfel-Suppe . . . . . . . . . . . . . . . . . . . . . . . . 80

Schwarzwurzelsuppe . . . . . . . . . . . . . . . . . . . . . . . . . 82

Leberknödelsuppe . . . . . . . . . . . . . . . . . . . . . . . . . . . 84

Möhren-Orangen-Suppe . . . . . . . . . . . . . . . . . . . . . . 86

## VEGETARISCHE SUPPEN

Maronensuppe . . . . . . . . . . . . . . . . . . . . . . . . . . . . . . 90

Kartoffelsuppe mit Parmesan . . . . . . . . . . . . . . . . . . 92

Selleriesuppe mit Birnen und Gorgonzola . . . . . . . . . . 94

Fenchelsuppe . . . . . . . . . . . . . . . . . . . . . . . . . . . . . . . 96

Orangen-Rote Bete-Suppe . . . . . . . . . . . . . . . . . . . . 98

Blumenkohl-Kartoffel-Suppe . . . . . . . . . . . . . . . . . . 100

Rote Bete-Consommé . . . . . . . . . . . . . . . . . . . . . . . 102

Rosenkohlsuppe . . . . . . . . . . . . . . . . . . . . . . . . . . . 104

Zucchini-Minz-Suppe . . . . . . . . . . . . . . . . . . . . . . . 106

## VORWORT

LIEBLINGSSUPPEN

## Liebe Thermomixfreunde,

köstlicher Start in ein Menü, herrlich wärmende Stärkung an kalten Tagen, Lieblingsgerichte für die ganze Familie – Suppen sind ebenso vielfältig wie lecker!
In diesem Buch hat das Team MIXtipp die besten Suppenrezepte für jede Gelegenheit zusammengestellt. Dabei wirst du hier nicht nur deine liebsten Klassiker wie Kartoffel- und Tomatensuppe finden. Ob rustikal oder raffiniert: Für dich ist auf jeden Fall etwas dabei.

Das ganze Jahr hindurch bereichern Suppen jeden Speiseplan: Mit einer herzhaft warmen Allgäuer Käsesuppe lässt sich der Winter besser ertragen, im Sommer sorgt ein kühler Salmorejo für Erfrischung. Und noch schöner wird die herbstliche Erntezeit, wenn sie frische Zutaten für Maronen- und Kürbiscremesuppe liefert.

Bunt und fruchtig kommen Köstlichkeiten wie Mango-Möhren- und Papayasuppe daher. Wer herzhafte Einlagen liebt, wird bei unseren leckeren Suppen mit Fleisch, Fisch und Krabben nicht widerstehen können. Für einen besonders köstlichen Blick über den Suppentellerrand sorgen die besten Suppenrezepte aus aller Welt: Von der indischen Bananensuppe bis zur klassisch-französischen Zwiebelcremesuppe laden sie dich zu einer kulinarischen Weltumrundung ein. Außerdem haben wir ein Kapitel mit den ganz persönlichen Lieblingssuppen des Team MIXtipp zusammengestellt, die in unseren Familien immer wieder gerne gekocht und noch lieber verzehrt werden.

Suppen sind unendlich vielfältig und mit ihren vielen frischen Zutaten auch sehr gesund! Und das Beste: Der TM 5 und der TM 31 helfen dir nicht nur dabei, Gemüse & Co. schnell zu zerkleinern, sondern kochen ganz einfach und stressfrei deine Suppe für dich fertig.

Wir wünschen dir viele köstliche Momente mit deinen Lieblingssuppen!

Herausgeberin, Edition Lempertz

# BASISREZEPTE

## HACKFLEISCH-BRÜHE

**Zutaten für 1000 g Brühe**

| 500 g Rindergehacktes |
| 20 g Sonnenblumenöl |
| 1500 g Wasser |
| 1 Päckchen Suppengrün, tiefgekühlt |
| 2 Lorbeerblätter |
| 1 TL Wacholderbeeren |
| 1 TL Pfefferkörner |
| Salz nach Belieben |

1. Gib das Hackfleisch mit den Gewürzen in den Mixtopf, vermische alles 6 Sekunden/ Linkslauf/ Stufe 4 und schieb es anschließend mit dem Spatel nach unten. Dann fügst du das Öl hinzu und brätst das Hackfleisch darin 4 Minuten/ Varoma/ Stufe 1 an.
2. Jetzt gießt du das Wasser dazu und kochst die Mischung 60 Minuten/ 100°C/ Linkslauf/ Stufe 1.
3. Danach siebst du die Brühe ab und verwahrst sie zum Weiterverwenden.

## GEMÜSEBRÜHE

**Zutaten für 1500 g Brühe**

| 200 g Möhren |
| 1 Knoblauchzehe |
| 2 Zwiebeln, halbiert |
| 1 Stange Porree, in Ringen |
| 100 g Knollensellerie, in Stücken |
| 1500 g Wasser |
| 1 EL Olivenöl |
| 1 Bund Petersilie |
| 4 Zweige Thymian |
| 10 Pfefferkörner |
| 2 Nelken |
| 2 Lorbeerblätter |
| etwas Salz |

1. Als Erstes zerkleinerst du die Petersilie und Thymian im Mixtopf 5 Sekunden/ Stufe 8 und stellst sie dann beiseite.
2. Nun schälst du die Möhren und schneidest sie klein. Schäle und halbiere Zwiebeln und Knoblauchzehe. Dann entfernst du das Endstück des Porrees, trennst die äußeren Blätter ab, wäschst ihn und schneidest ihn in Ringe. Wasche und schäle die Sellerieknolle und schneide sie ebenfalls in grobe Stücke.
3. Zerkleinere nun alle Gemüsesorten im Mixtopf 10 Sekunden/ Stufe 7 und schieb sie mit dem Spatel nach unten. Danach gießt du das Öl dazu und dünstest die Gemüsestückchen darin 5 Minuten/ Varoma/ Stufe 1. Danach gibst du die zerkleinerten Kräuter, die Gewürze und das Wasser dazu und kochst die Brühe 60 Minuten/ 100°C/ Stufe 1.

## GEMÜSEBRÜHE-PULVER

| 1 Sellerieknolle |
| 4 Möhren |
| 2 Stangen Porree |
| 2 Stängel Liebstöckel |
| 2 Stängel Majoran |
| 1 Bund Petersilie |
| 2 Lorbeerblätter, getrocknet |
| 500 g Meersalz |
| 1 Prise Muskat |
| 1 EL Zwiebelgranulat |
| 1 TL Knoblauchgranulat |

## BASISREZEPTE

1. Als Erstes wäschst und schälst du Sellerie, Möhren und Porree und schneidest sie in Stücke. Zerkleinere zuerst eine Hälfte des Gemüses im Mixtopf zusammen mit Petersilie, Majoran, Lorbeer und Liebstöckel 6 Sekunden/ Stufe 6. Dann füllst du sie um und zerkleinerst das übrige Gemüse auf die gleiche Weise.
2. Gib alles wieder in den Mixtopf, füge das Salz hinzu und verrühre es 4 Sekunden/ Stufe 3. Anschließend verteilst du die Mischung auf einem mit Backpapier belegten Backblech und lässt sie ca. 8 Stunden/ 50°C im vorgeheizten Ofen trocknen. Lass dabei die Tür des Ofens einen Spaltbreit offen.
3. Jetzt kannst du die getrocknete Mischung ca. 1 Stunde abkühlen lassen. Danach zerkleinerst du sie im Mixtopf mit den Gewürzen 6-10 Sekunden/ Stufe 5-7. Verwahre das Gemüsebrühepulver in einem trockenen, luftdichten Behälter.

## PASTE FÜR FLEISCHBRÜHE

300 g Rindfleisch, gewürfelt

300 g Gemüsemischung (Sellerie, Möhren, Zwiebeln, Knoblauchzehen, Tomaten)

4 Stängel gemischte Kräuter (Petersilie, Salbei, Rosmarin)

150 g Meersalz

30 g Rotwein

1 Lorbeerblatt

1 Gewürznelke

1. Zuerst wäschst du das Fleisch ab, tupfst es trocken und würfelst es. Dann zerkleinerst du es im Mixtopf 10 Sekunden/ Stufe 7 und stellst es anschließend in einer Schüssel beiseite.
2. Als Nächstes schälst und putzt du das Gemüse und schneidest es in grobe Stücke. Zerkleinere es danach mit den Kräutern im Mixtopf 10 Sekunden/ Stufe 5 und schieb es mit dem Spatel auf den Boden des Mixtopfs.
3. Jetzt fügst du noch das Fleisch, Salz, Rotwein und Gewürze hinzu und kochst die Mischung ohne den Messbecher 25 Minuten/ Varoma/ Stufe 2. Dabei setzt du den Gareinsatz als Spritzschutz auf den Deckel.
4. Anschließend setzt du den Messbecher wieder ein und pürierst die Mischung 1 Minute/ Stufe 7. Fülle die Fleischpaste in ein Twist-off-Glas und verwahre sie im Kühlschrank.

**mixtipp**
Für Fleischbrühe mischst du 1 TL Fleischpaste mit 500 g Wasser!

## FISCHFOND

**Zutaten für 1000 g Fischfond**

2 Möhren, in groben Stücken

1 Zwiebel, halbiert

½ Stange Porree, in Ringen

150 g Selleriegrün

300 g Fischreste (z.B. Kopf, Flossen, etc.)

1 TL Salz

½ TL Pfeffer

1000 g Wasser

1. Als Erstes schälst du die Möhren, die Zwiebel und den Porree und schneidest sie in grobe Stücke. Zerkleinere sie im Mixtopf mit dem Selleriegrün 6 Sekunden/ Stufe 6.
2. Dann kochst du den Gemüsemix mit den Fischresten, den Gewürzen und dem Wasser 20 Minuten/ 100°C/ Linkslauf/ Stufe 1. Prüfe, ob der Fisch gar ist und verlängere die Kochzeit bei Bedarf.
3. Jetzt kannst du den Fischfond durch ein Sieb gießen und in Twist-off-Gläser abfüllen.

# TIPPS zum Suppenkochen

### Gemüse kaufen

Am besten gelingt deine Suppe, wenn du sie mit ganz frischem Gemüse kochst. Achte beim Kaufen darauf, Gemüse auszusuchen, das keine braunen Stellen, Druckstellen oder Schimmelflecken hat. Auch Gemüsesorten mit welken Blättern solltest du meiden.
**Mixtipp: Kaufe Gemüse aus deiner Region! So ist es am frischsten und hat noch keine lange Lagerungszeit hinter sich.**

### Praktisch durchs Jahr

Tiefgekühltes Gemüse spart dir eine Menge Arbeit! Waschen, schälen und kleinschneiden fällt damit komplett weg. Auch Gemüse aus der Dose ist praktisch, wenn du eine Suppe mit Hülsenfrüchten, Mais und Bohnen ergänzen möchtest.
**Mixtipp: Mit tiefgekühltem Gemüse und Gemüse aus der Dose hast du das ganze Jahr hindurch alle Gemüsesorten zur Verfügung!**

### Suppe kochen im Thermomix

- Der Thermomix ersetzt dir beim Kochen deiner Suppe auf einen Schlag Dampfkochtopf, Mixer und Pürierstab!
- Stückiges Gargut kannst du problemlos in Stücke geschnitten in den Varoma oder ins Garkörbchen geben, Fleisch- oder Gemüsebrühe in den Mixtopf füllen und auf diese Weise Gemüse oder Fleisch zeitgleich mit der Brühe fertig garen.
- Cremige Suppen mit feiner Konsistenz: Kurz vor Garende pürierst du die Suppe 20-30 Sekunden/ Stufe 8-10.

**Mixtipp: Stelle selbst Brühe und Brühepulver mit deinem Thermomix her! Rezepte findest du auf S. 8/9.**

### Gewürze

Das wichtigste Basisgewürz für deine Suppen ist Salz. Dabei eignet sich grobes Meersalz besonders gut, wenn du eine Suppe länger kochen musst. Zum Dosieren beim Abschmecken ist feines Salz besser geeignet.

- Denk beim Kochen daran, nicht zu viel Salz zu verwenden! Die Flüssigkeit reduziert sich beim Kochvorgang noch.
- Knoblauch und Ingwer schmecken frisch besonders gut! Du kannst sie im Thermomix wunderbar 5 Sekunden/ Stufe 5 zerkleinern. Besonders gut entfaltet sich ihr Aroma, wenn du sie leicht andünstest.
- Für den würzigen Kick: Pfeffer ist am aromatischsten, wenn du ihn frisch mahlst. Ingwer, Curry, Koriander und Zimt verleihen deiner Suppe einen intensiven Geschmack.

**Mixtipp: Experimentiere mit Gewürzen und finde deine ganz eigene Geschmackskombination.**

# SAISONKALENDER

| Gemüse | Januar | Februar | März | April | Mai |
|---|---|---|---|---|---|
| Aubergine | | | | | |
| Blumenkohl | | | | | ✓ |
| Brennnessel | | | | ✓ | ✓ |
| Brokkoli | | | | | |
| Erbse | | | | | |
| Fenchel | | | | | |
| Hokkaidokürbis | | | | | |
| Kartoffel | ✓ | ✓ | ✓ | ✓ | ✓ |
| Kastanie | | | | | |
| Knollensellerie | | | | | |
| Kohl | | | | | |
| Kopfsalat | | | | | ✓ |
| Kresse | ✓ | ✓ | ✓ | ✓ | ✓ |
| Lauch | ✓ | ✓ | ✓ | | |
| Löwenzahn | | | ✓ | ✓ | |
| Melone | | | | | |
| Möhren | ✓ | ✓ | | | |
| Paprika | | | | | |
| Pastinaken | ✓ | ✓ | | | |
| Rote Bete | | | | | |
| Salatgurke | | | | | ✓ |
| Sauerampfer | | | | | |
| Schwarzwurzel | ✓ | ✓ | ✓ | | |
| Spinat | | | | ✓ | ✓ |
| Staudensellerie | | | ✓ | ✓ | |
| Steckrübe | ✓ | ✓ | | | |
| Tomaten | | | | | |
| Topinambur | ✓ | ✓ | ✓ | | |
| Walnuss | | | | | |
| Weißkohl | | | | ✓ | ✓ |
| Wirsing | ✓ | ✓ | ✓ | | |
| Zucchini | | | | | |
| Zuckermais | | | | | |
| Zwiebel | | | | | |

LIEBLINGSSUPPEN

# TIPPS 13

| Juni | Juli | August | September | Oktober | November | Dezember |
|------|------|--------|-----------|---------|----------|----------|
|      |      |        |           |         |          |          |
|      |      |        |           |         |          |          |
|      |      |        |           |         |          |          |
|      |      |        |           |         |          |          |
|      |      |        |           |         |          |          |
|      |      |        |           |         |          |          |
|      |      |        |           |         |          |          |
|      |      |        |           |         |          |          |
|      |      |        |           |         |          |          |
|      |      |        |           |         |          |          |
|      |      |        |           |         |          |          |
|      |      |        |           |         |          |          |
|      |      |        |           |         |          |          |
|      |      |        |           |         |          |          |
|      |      |        |           |         |          |          |
|      |      |        |           |         |          |          |
|      |      |        |           |         |          |          |
|      |      |        |           |         |          |          |
|      |      |        |           |         |          |          |
|      |      |        |           |         |          |          |
|      |      |        |           |         |          |          |
|      |      |        |           |         |          |          |
|      |      |        |           |         |          |          |
|      |      |        |           |         |          |          |
|      |      |        |           |         |          |          |
|      |      |        |           |         |          |          |
|      |      |        |           |         |          |          |
|      |      |        |           |         |          |          |
|      |      |        |           |         |          |          |
|      |      |        |           |         |          |          |

LIEBLINGSSUPPEN

# Die besten Einlagen für deine Suppe

Nudelsuppe ist ein Klassiker – aber da geht noch mehr! Mit diesen Einlagen wird deine Suppe zu einer Köstlichkeit!

**Backerbsen:** Für diese leckeren kleinen Kügelchen rührst du einen Teig aus Mehl, Eiern, Milch und Salz an und reibst ihn durch eine Küchenreibe in siedendes Fett. Brate sie darin, bis sie goldbraun sind. Besonders lecker in Consommés!

**Croûtons:** Diese Klassiker machst du aus gewürfeltem Weißbrot, das du mit etwas Fett in der Pfanne knusprig anröstest. Besonders lecker auf Tomatensuppe!

**Eierstich:** Dafür verquirlst du im Mixtopf 4 Eier, 120 g Milch, 5 g Salz und eine Prise Muskat. Füll die Mischung in einen Gefrierbeutel und häng ihn offen in den Gareinsatz. Füll 400 g Wasser in den Mixtopf, häng den Gareinsatz ein und gare den Eierstich 10 Minuten/ Varoma/ Stufe 1. Lass den Eierstich 10 Minuten abkühlen, bevor du ihn in Stücke schneidest. Besonders lecker in Hochzeitssuppe!

**Klößchen:** Hier gibt es mehrere leckere Varianten. Besonders beliebt sind die Markklößchen, hergestellt aus Semmelbröseln oder Weißbrot, Knochenmark vom Rind, Mehl und Eiern. Gewürzt sind sie meist mit Salz, Pfeffer, Muskat und Piment. Fleischklößchen aus Hackfleisch runden eine Rinderbrühe ebenso ab wie Leberknödel. Mit den Grießklößchen gibt es eine vegetarische Variante. Diese kannst du aber auch süß zubereiten. Besonders lecker in klaren Brühen und Consommés!

**Maultaschen:** Diese schwäbische Spezialität besteht aus Nudelteig. Gefüllt ist sie mit einer Mischung aus Hackfleisch, Zwiebeln, Brötchenteig und Gewürzen. Maultaschen werden gerollt oder gefaltet. Besonders lecker in Brühen.

**Nudeln:** Hier sind der Fantasie keine Grenzen gesetzt, was die Formvielfalt angeht! Du kannst sie einfach in der Suppe kochen; klarer bleibt die Suppe aber, wenn du sie vorher schon kochst und erst kurz vor dem Servieren dazugibst.

# Kleine Suppenkunde

Suppe zu kochen gehört zu den ältesten Zubereitungsarten der Welt. Schließlich hat der Mensch bereits früh herausgefunden, wie lecker und sättigend es ist, Zutaten ganz einfach in einem Topf mit heißem Wasser zu mischen, zu kochen und nach Geschmack zu verfeinern. Von der schlichten Brühe und der feinen Cremesuppe über die herzhafte Gemüsesuppe bis zum deftigen Eintopf mit Fleischeinlage – in ihrer Vielfalt und Vielseitigkeit ist die Suppe unübertrefflich!

## Die beste Basis für eine gute Suppe: Brühen, Fonds und Kraftbrühen

Eine **Brühe** gewinnst du, wenn du Fleisch, Fleischabschnitte und Knochen in kaltem Wasser langsam aufkochen und über einen längeren Zeitraum simmern lässt. Rindfleisch ist dabei der Klassiker, Geflügel und andere Fleischsorten, Gemüse oder Fisch eignen sich aber ebenfalls, je nachdem, welche Art von Brühe du herstellen möchtest. Dabei gibt das Fleisch Eiweiß ab, das sich an der Oberfläche als Schaum absetzt. Schöpfe ihn ab, ebenso auch das oben schwimmende Fett, sonst wird deine Brühe trüb. Für ein leckeres Aroma kannst du der Brühe Suppengrün zusetzen. Achtung: Salzen solltest du die Brühe während des Kochens nicht! Wenn du deine Brühe über längere Zeit stark einkochen lässt, so dass sich die Flüssigkeit reduziert, erhältst du einen konzentrierten **Fond**.
Brühen und Fonds bilden die Grundlage für viele unterschiedliche Suppen. Du kannst sie auch gut in größeren Mengen auf Vorrat kochen und einfrieren.
**Kraftbrühe** bzw. **Consommé** bekommst du, wenn du in Rinderbrühe feines Rindfleisch, Suppengemüse und Eiweiß aufkochst und dann 1-2 Stunden ziehen lässt. Die Menge von Fleisch und Brühe hat ein Verhältnis von eins zu fünf. Danach kannst du die Mischung aus Fleisch und Eiweiß, die an der Oberfläche schwimmt, entfernen und die Kraftbrühe sieben.
Für eine doppelte Kraftbrühe verwendest du bereits Kraftbrühe als Basis und verwendest die doppelte Menge Fleisch zum Aufkochen. Dementsprechend ist diese **Consommé double** auch besonders aromatisch.

## Wie binde ich Suppen am besten?

Der Zusatz von Stärke sorgt zuverlässig dafür, dass deine Suppe eine sämigere Konsistenz bekommt. Damit dabei keine störenden Klümpchen entstehen, kannst du folgende Möglichkeiten anwenden:
Rühre 2 EL Stärke in 50 ml kaltes Wasser. Achte hier schon darauf, dass sich keine Klumpen bilden. Diese Mischung gibst du dann in die kochende Suppe. Damit du die Stärke nicht herausschmeckst, sollest du die Suppe noch einen Moment lang weiterkochen. Zum Binden kannst du auch Butter und Mehl zu gleichen Teilen vermischen und aus ihnen Teigkugeln formen. Diese gibst du ebenfalls in die kochende Suppe.
Für eine besonders feine, cremige Konsistenz gibst du jeweils die gleiche Menge Eigelb und Sahne zu deiner Suppe und rührst sie unter. Dabei darf die Suppe nicht mehr kochen! Ganz praktisch bei herzhaften pürierten Suppen mit Gemüse ist es, wenn Kartoffeln unter den Zutaten sind – die Stärke aus einer mehligkochenden Kartoffel bindet die Suppe und verleiht ihr eine sämige Konsistenz.

# SUPPEN MIT FLEISCH UND FISCH

3 Portionen | 40 Min. | leicht

# SCHWEDISCHE LAXSOPPA

**Zubereitungszeit: 40 Minuten**
**Zutaten für 3 Portionen**

| |
|---|
| 500 g Wasser zum Kochen |
| 3 Kartoffeln, in Stücken |
| 500 g Milch |
| 100 g Sahne |
| 20 g Tomatenmark |
| 1 Würfel Gemüsebrühe |
| 120 g Räucherlachs |
| Dill, gehackt, zum Garnieren |

**1.** Als Erstes erhitzt du das Wasser im Mixtopf 8 Minuten/ 100°C/ Stufe 1. In der Zwischenzeit wäschst und schälst du die Kartoffeln, schneidest sie in grobe Stücke und kochst sie dann im Mixtopf 25 Minuten/ Varoma/ Stufe 1. Anschließend gießt du das Kochwasser ab.

**2.** Nun gießt du die Milch und die Sahne auf die Kartoffeln und fügst dann das Tomatenmark hinzu. Lass alles 6 Minuten/ 100°C/ Stufe 3 köcheln.

**3.** Jetzt fügst du die Hälfte des Lachses und die Gemüsebrühe hinzu und kochst die Suppe noch einmal 2 Minuten/ 100°C/ Stufe 3. Abschließend schneidest du den restlichen Lachs in Streifen und rührst ihn 30 Sekunden/ Linkslauf/ Stufe 2 in die Suppe ein. Lass einige Streifen zum Garnieren der Suppe übrig.

**4.** Die fertige Suppe verteilst du nun auf Suppenschälchen oder tiefe Teller, verteilst die restlichen Lachsstreifen darauf und streust den Dill darüber.

mixtipp
Alter Schwede:
Servier Smörrebröd dazu.

2 Portionen  10 Min.  leicht

# GURKENSUPPE MIT JOGHURT UND KRABBEN

Zubereitungszeit: 10 Minuten
Zutaten für 2 Portionen

| 10 Radieschen |
| 1 Bund Dill |
| 1 Gurke |
| 500 g Joghurt |
| ½ Zitrone oder Limette |
| 5 g Salz |
| 5 g Pfeffer |
| 200 g fertige Krabben oder Garnelen |

**1.** Als Erstes entfernst du die Blätter von den Radieschen, wäschst sie und zerkleinerst sie im Thermomix 5 Sekunden/ Stufe 5. Stell sie dann in einer Schüssel beiseite. Anschließend wäschst du den Dill und tupfst ihn trocken. Lass ihn aufs laufende Messer in den Mixtopf fallen und zerkleinere ihn 12 Sekunden/ Stufe 7. Füll den Dill bis zum Servieren in eine Schüssel um.

**2.** Jetzt wäschst und schälst du die Gurke. Schneide sie auf und entferne den Mittelteil mit den Kernen. Dann zerkleinerst du sie im Mixtopf 10 Sekunden/ Stufe 6.

**3.** Press nun den Saft der Zitrone oder Limette aus und gib ihn mit dem Joghurt und den Radieschen auf das Gurkenpüree. Vermische alles 6 Sekunden/ Stufe 2. Du kannst die Suppe nach deinem Geschmack mit Salz und Pfeffer würzen und anschließend noch einmal 3 Sekunden/ Stufe 3 verrühren.

**4.** Zum Servieren füllst du die Suppe in tiefe Teller oder Schälchen. Verteile die Krabben oder Garnelen darauf und streue den Dill darüber.

# UNGARISCHE GULASCHSUPPE

4 Portionen | 1h | mittel

**Zubereitungszeit: 1 Stunde**
**Zutaten für 4 Portionen**

| |
|---|
| 500 g Rindfleisch |
| 2 Zwiebeln, halbiert |
| 1 Knoblauchzehe |
| 2 EL Sonnenblumenöl |
| 150 g Kartoffeln, festkochend |
| 1 rote Paprika, geviertelt |
| 1 grüne Paprika, geviertelt |
| 100 g Champignons, in Vierteln |
| 400 g passierte Tomaten |
| 500 g Tomatensaft |
| 300 g Rinderbrühe |
| 200 g Sauerkraut |
| ½ TL Chilipulver |
| 1 TL Paprika, edelsüß |
| 1 TL Majoran |
| ¼ TL Kümmel |
| 1 TL Salz |

**1.** Als Erstes wäschst du das Rindfleisch ab und tupfst es trocken. Dann schneidest du es in Würfel.

**2.** Nun kannst du die Zwiebeln und den Knoblauch im Mixtopf 5 Sekunden/ Stufe 5 zerkleinern. Schieb sie anschließend mit dem Spatel nach unten. Gieß anschließend das Öl dazu und dünste sie 3 Minuten/ Varoma/ Stufe 1.

**3.** Als Nächstes schneidest du die geschälten Kartoffeln und die abgewaschenen Paprika in kleine Stücke. Dann gibst du das Rindfleisch zu Zwiebeln und Knoblauch in den Mixtopf und dünstest es 3 Minuten/ Varoma/ Linkslauf/ Stufe 1. Füge Kartoffeln, Paprika und Champignons hinzu und dünste alles 2 Minuten/ Varoma/ Stufe 1.

**4.** Nun gießt du Tomatenpüree und -saft und Rinderbrühe an und gibst das Sauerkraut dazu. Würz die Gulaschsuppe nach deinem Geschmack mit Chili, Paprika, Majoran, Kümmel und Salz und koch sie dann 40 Minuten/ 90°C/ Linkslauf/ Stufe 1.

4 Portionen | 50 Min. | leicht

# GRÜNKOHLSUPPE MIT GÄNSEBRUST

**Zubereitungszeit: 50 Minuten**
**Zutaten für 4 Portionen**

| 600 g Grünkohl, tiefgekühlt |
| 100 g Wasser |
| Salz |
| 2 Zwiebeln, halbiert |
| 40 g Margarine |
| 200 g Kartoffeln |
| 1000 g Gemüsebrühe |
| 100 g Sahne |
| Salz nach Belieben |
| Pfeffer nach Belieben |
| 1 TL Honig |
| 200 g geräucherte Gänsebrust |

**1.** Als Erstes taust du den Grünkohl in einem Topf mit dem gesalzenen Wasser auf. In der Zwischenzeit schälst und halbierst du die Zwiebeln und zerkleinerst sie im Mixtopf 5 Sekunden/ Stufe 5. Schieb sie mit dem Spatel nach unten, gib die Margarine dazu und dünste die Zwiebelstückchen darin 3 Minuten/ Varoma/ Stufe 1.

**2.** Währenddessen schälst du die Kartoffeln, schneidest sie in grobe Stücke und gibst sie dann in den Mixtopf. Zerkleinere sie 4 Sekunden/ Stufe 4, schieb sie mit dem Spatel nach unten und dünste dann alles 4 Minuten/ 120°C/ Stufe 1.

**3.** Nun siebst du den aufgetauten Grünkohl ab und fängst das Wasser dabei in einer Schüssel auf. Gib den Kohl in den Mixtopf und gare das Gemisch 2 Minuten/ 120°C/ Linkslauf/ Stufe 2. Anschließend gießt du das Tauwasser und die Brühe dazu und kochst die Mischung 20 Minuten/ 100°C/ Stufe 1.

**4.** Zum Schluss gießt du noch die Sahne in die Suppe, würzt sie mit Salz, Pfeffer und Honig und pürierst das Gemisch 30 Sekunden, wobei du nach und nach von Stufe 5 auf Stufe 9 hochschaltest.

**5.** Zum Servieren gibst du die Grünkohlsuppe in tiefe Teller oder Schälchen. Schneide die Gänsebrust in Streifen und verteile sie auf die Suppe.

## SUPPEN MIT FLEISCH UND FISCH

4 Portionen | 40 Min. | leicht

# WEISSE BOHNENSUPPE MIT METTWURST

**Zubereitungszeit: 40 Minuten**
**Zutaten für 4 Portionen**

500 g weiße Bohnen (Dose)

100 g Möhren, in Stücken

100 g Sellerie, in Stücken

100 g Porree, in Stücken

1 Zwiebel, halbiert

350 g Kartoffeln

30 g Sonnenblumenöl

300 g Mettwurst

800 g Fleischbrühe

1 TL Salz

½ TL weißen Pfeffer

1 TL Bohnenkraut, gerebelt

**1.** Zunächst wäschst du die Bohnen und lässt sie abtropfen. Das frische Gemüse wäschst und schälst du und zerkleinerst es: Dazu gibst du die Möhren in groben Stücken für 5 Sekunden/ Stufe 5 in den Mixtopf. Fülle die Möhren anschließend in eine Schüssel um. Das Gleiche machst du anschließend mit dem Sellerie und dem Porree.

**2.** Danach gibst du die geschälte, halbierte Zwiebel in den Mixtopf, zerkleinerst sie ebenfalls 5 Sekunden/ Stufe 5 und schiebst sie mit dem Spatel nach unten. Gib nun das Öl und die in kleine Stücke geschnittene Mettwurst hinzu und dünste beides 3 Minuten/ Varoma/ Stufe 1 an.

**3.** Nun füllst du das zerkleinerte Gemüse wieder in den Mixtopf, gibst die Brühe dazu und lässt alles 20 Minuten/ 90°C/ Stufe 1 kochen. Zuletzt würzt du die Suppe mit den Gewürzen, gibst die Bohnen dazu und lässt alles noch einmal weitere 10 Minuten/ 70°C/ Linkslauf/ Stufe 1 durchziehen.

mixtipp: Bohnensuppe schmeckt aufgewärmt noch besser!

LIEBLINGSSUPPEN

**mixtipp**

Zubereitung mit getrockneten Bohnen: Weiße Bohnen abspülen, in lauwarmem Wasser 20 Stunden einweichen, abschütten und in einem Sieb abspülen.

4 Portionen | 25 Min. | leicht

# ARTISCHOCKENCREME-SUPPE MIT SERRANO

**Zubereitungszeit: 25 Minuten**
**Zutaten für 4 Portionen**

100 g Parmesan, in Stücken

1 Zwiebel, halbiert

1 Stange Staudensellerie

30 g Butter

350 g Kartoffeln, in Würfeln

400 g eingelegte Artischocken

1000 g Hühnerbrühe

Salz nach Belieben

Pfeffer nach Belieben

1 Eigelb

10 g Butter

100 g Serranoschinken

**1.** Als Erstes zerkleinerst du den Parmesankäse im Mixtopf 8 Sekunden/ Stufe 8. Fülle ihn in eine Schüssel um und spüle den Mixtopf danach aus.

**2.** Nun schälst und halbierst du die Zwiebel und den Staudensellerie. Zerkleinere sie im Mixtopf 5 Sekunden/ Stufe 5, gib die Butter dazu und dünste sie darin 2 Minuten/ Varoma/ Stufe 1.

**3.** In der Zwischenzeit schälst du die Kartoffeln, würfelst sie und gibst sie in den Mixtopf. Gib die Artischocken zum Abtropfen in ein Sieb, schneide sie in grobe Stücke und gib sie dazu. Dann gießt du die Brühe dazu, würzt die Suppe mit Pfeffer und Salz und kochst sie anschließend 20 Minuten/ Varoma/ Stufe 2.

**4.** In einer kleinen Schüssel verquirlst du das Eigelb mit der Butter. Nach Ende der Garzeit gibst du die Mischung in die Suppe und pürierst sie 20 Sekunden/ Stufe 8.

**5.** Zum Servieren füllst du die Suppe in tiefe Teller oder Schälchen. Schneide den Schinken in Streifen und verteile ihn auf die Portionen. Zum Schluss streust du noch den geriebenen Parmesan darüber.

# SUPPEN MIT FLEISCH UND FISCH

4 Portionen | 30 Min. | leicht

# MANGO-MÖHREN-SUPPE MIT SESAM UND GARNELEN

**Zubereitungszeit: 30 Minuten**
**Zutaten für 4 Portionen**

500 g Möhren

1 kleines Stück Ingwer

1-2 Chilischoten

1-2 reife Mangos

30 g Rapsöl

½ TL Kurkuma

750 g Gemüsebrühe

200 g Schlagsahne

Salz nach Belieben

Pfeffer nach Belieben

2-3 EL Limettensaft

je 1 EL heller und schwarzer Sesam

8-12 küchenfertige Garnelen

20 g Rapsöl zum Anbraten

**1.** Als Erstes wäschst du die Möhren und schälst den Ingwer. Dann halbierst du die Chilischoten und entfernst die Kerne. Schließlich schälst du die Mangos, entfernst das Fruchtfleisch vom Kern und gibst 2/3 davon mitsamt Möhren, Ingwer und Chilischoten in den Mixtopf. Zerkleinere die Zutaten 6 Sekunden/ Stufe 6. Die übrigen Mangostücke stellst du zunächst beiseite.

**2.** Als Nächstes gibst du 15 g Öl mit der Kurkuma dazu und garst darin die Gemüse-Mango-Mischung 5 Minuten/ Varoma/ Stufe 1. Gieß die Gemüsebrühe dazu, erhitze die Suppe weitere 15 Minuten/ Varoma/ Stufe 1 und püriere sie anschließend 5 Sekunden/ Stufe 10.

**3.** Nun fügst du noch die Sahne hinzu und würzt die Suppe mit Salz, Pfeffer und Limettensaft. Erhitze sie noch einmal 2 Minuten/ 90°C/ Stufe 3.

**4.** Brate jetzt die vermischten Sesamkörner in einer Pfanne (ohne Fett) bei mittlerer Hitze goldbraun und stell sie beiseite. Gib danach das restliche Öl in die Pfanne und brate darin die Garnelen bei mittlerer Hitze von beiden Seiten an.

**5.** Zum Servieren verteilst du die Suppe auf Schälchen, gibst die restlichen Mangostückchen und die Garnelen hinein und bestreust sie mit dem Sesam.

**mixtipp**

Eine reife Mango erkennst du an der Duftprobe und an der Druckprobe: Das Fruchtfleisch muss bei Fingerdruck leicht nachgeben.

# SUPPEN MIT FLEISCH UND FISCH

4 Portionen | 30 Min. | mittel

# RÄUCHERFISCHSUPPE

**Zubereitungszeit:** 30 Minuten
**Zutaten für 4 Portionen**

300 g Räucherfischfilet (z.B. Forelle oder Makrele), in Stücken

40 g Butter, in Stücken

40 g Mehl

900 g Fischfond

200 g Sahne

100 g Weißwein

5 g Worcestersauce

½ TL Salz

¼ TL Pfeffer

5 g Zitronensaft, nach Geschmack

Meerrettichsahne, nach Belieben

Petersilie zum Garnieren

**1.** Als Erstes wäschst du das Fischfilet ab, tupfst es trocken und schneidest es in Stücke. Leg es zunächst beiseite.

**2.** Nun erhitzt du die Butter im Mixtopf 3 Minuten/ 100°C/ Stufe 1. Streu das Mehl darüber und verarbeite es mit der Butter 3 Minuten/ 100°C/ Stufe 1 zu einer Mehlschwitze.

**3.** Darauf gießt du nun den Fischfond und kochst die Mischung 12 Minuten/ 100°C/ Stufe 3. Danach fügst du 200 g Fischfilet, Weißwein, Sahne und Worcestersauce hinzu, würzt die Mischung mit Salz und Pfeffer und kochst sie noch einmal 6 Minuten/ 90°C/ Stufe 2.

**4.** Jetzt gibst du noch den Zitronensaft dazu und pürierst die Suppe anschließend 40 Sekunden, wobei du nach und nach von Stufe 5 auf Stufe 8 hochschaltest.

**5.** Zum Servieren verteilst du das übriggebliebene Fischfilet gleichmäßig in tiefen Tellern oder Schälchen und gießt die Suppe darüber. Zum Garnieren gibst du je einen Löffel Meerrettichsahne darauf und bestreust sie mit Petersilie.

**mixtipp**
Dieses Rezept kannst du als Basiszubereitung für alle Mehlschwitzen (insbesondere Saucen) benutzen.

# SUPPEN-
# KLASSIKER

## SUPPENKLASSIKER

4 Portionen · 25 Min. · mittel

# PFIFFERLINGSSUPPE

**Zubereitungszeit: 25 Minuten**
**Zutaten für 4 Portionen**

| |
|---|
| 500 g Pfifferlinge |
| 2 Zwiebeln, halbiert |
| 40 g Rapsöl |
| 1000 g Wasser |
| 200 g Waldpilzfond |
| Knoblauchsalz nach Belieben |
| 200 g fettarmer Schmelzkäse |
| 4 Eigelb |
| Salz nach Belieben |
| Pfeffer nach Belieben |
| Liebstöckel nach Belieben |
| Thymian nach Belieben |
| Schnittlauch zum Garnieren |

1. Putze zuerst die Pfifferlinge, suche die schönsten heraus und stell sie in einer Schüssel beiseite.

2. Schäle und halbiere dann die Zwiebeln, zerkleinere sie im Mixtopf 5 Sekunden/ Stufe 5 und schieb sie mit dem Spatel nach unten. Danach gibst du das Rapsöl hinzu und dünstest die Zwiebelstückchen 2 Minuten/ Varoma/ Stufe 1 darin an.

3. Jetzt fügst du die (schönen) Pfifferlinge hinzu und dünstest diese 2 Minuten/ Varoma/ Linkslauf/ Sanftrührstufe mit an.

4. Gieß das Wasser und den Waldpilzfond dazu. Die aussortierten Pilze schmeckst du mit dem Knoblauchsalz ab und legst sie in den Varoma. Setz ihn auf den Mixtopf und gare darin die Pilze einfach mit, während du die Suppe 13 Minuten/ 100°C/ Linkslauf/ Sanftrührstufe kochst.

5. Nun legst du die Pilze aus dem Varoma beiseite. Püriere die Suppe 5 Sekunden/ Stufe 8 und füge noch den Schmelzkäse hinzu. Du rührst ihn 20 Sekunden/ Stufe 3 unter und lässt die Suppe anschließend 2 Minuten abkühlen.

6. Rühre in der Zwischenzeit die vier Eigelbe 1 Minute/ Linkslauf/ Sanftrührstufe in die Suppe ein.

7. Zum Schluss schmeckst du die Suppe ganz nach deinem Geschmack mit Salz, Pfeffer, Thymian und Liebstöckel ab und servierst sie in tiefen Tellern. Garniere sie dabei mit Schnittlauchröllchen und den Pfifferlingen aus dem Varoma.

mixtipp: Je nach Region beginnt die Pfifferlingssaison bereits im Juni.

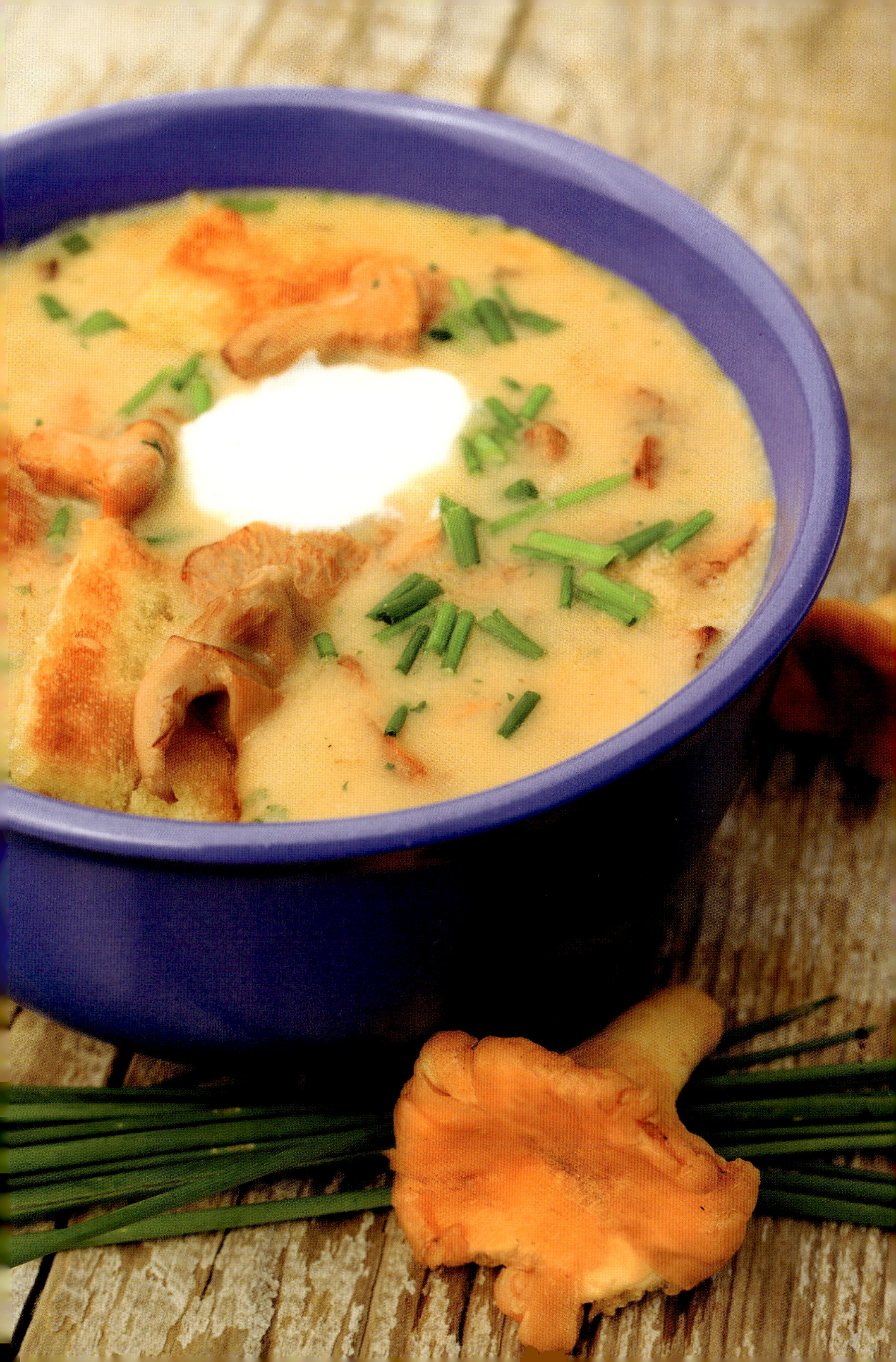

# BLUMENKOHLSUPPE „CRÈME DUBARRY"

4 Portionen | 35 Min. | mittel

**Zubereitungszeit: 35 Minuten**
**Zutaten für 4 Portionen**

- 700 g Blumenkohl
- 200 g Zwiebeln, halbiert
- 30 g Butter
- 20 g Olivenöl
- Salz nach Belieben
- 200 g Milch
- 500 g Hühnerbrühe
- 150 g Sahne
- Zitronensaft nach Belieben
- 1 Kästchen Kresse zum Garnieren

1. Als Erstes wäschst du den Blumenkohl, schneidest die Blätter und den Strunk ab und teilst ihn in die einzelnen Blumenkohlröschen.

2. Schäle und halbiere dann die Zwiebeln, zerkleinere sie im Mixtopf 5 Sekunden/ Stufe 5 und schieb sie mit dem Spatel nach unten. Anschließend gibst du die Butter und das Olivenöl hinzu und dünstest die Zwiebelstückchen darin 2 Minuten/ Varoma/ Stufe 1 an.

3. Füge nun die Blumenkohlröschen hinzu und dünste sie 4 Minuten/ Varoma/ Stufe 1. Danach würzt du sie mit Salz.

4. Fülle jetzt die Milch und die Hühnerbrühe in den Mixtopf und lass die Suppe 20 Minuten/ 90°C/ Stufe 1 köcheln.

5. Als Letztes pürierst du die Suppe 40 Sekunden, wobei du nach und nach von Stufe 5 auf Stufe 8 hochschaltest, bis sie eine feine Konsistenz hat, und schmeckst sie mit Salz und Zitronensaft ab. Garniere die Suppenteller beim Servieren mit der Kresse.

**mixtipp**

Die Gräfin Dubarry, Mätresse König Ludwigs XV, nach der diese Suppe benannt wurde, hatte eine Vorliebe für Blumenkohl.

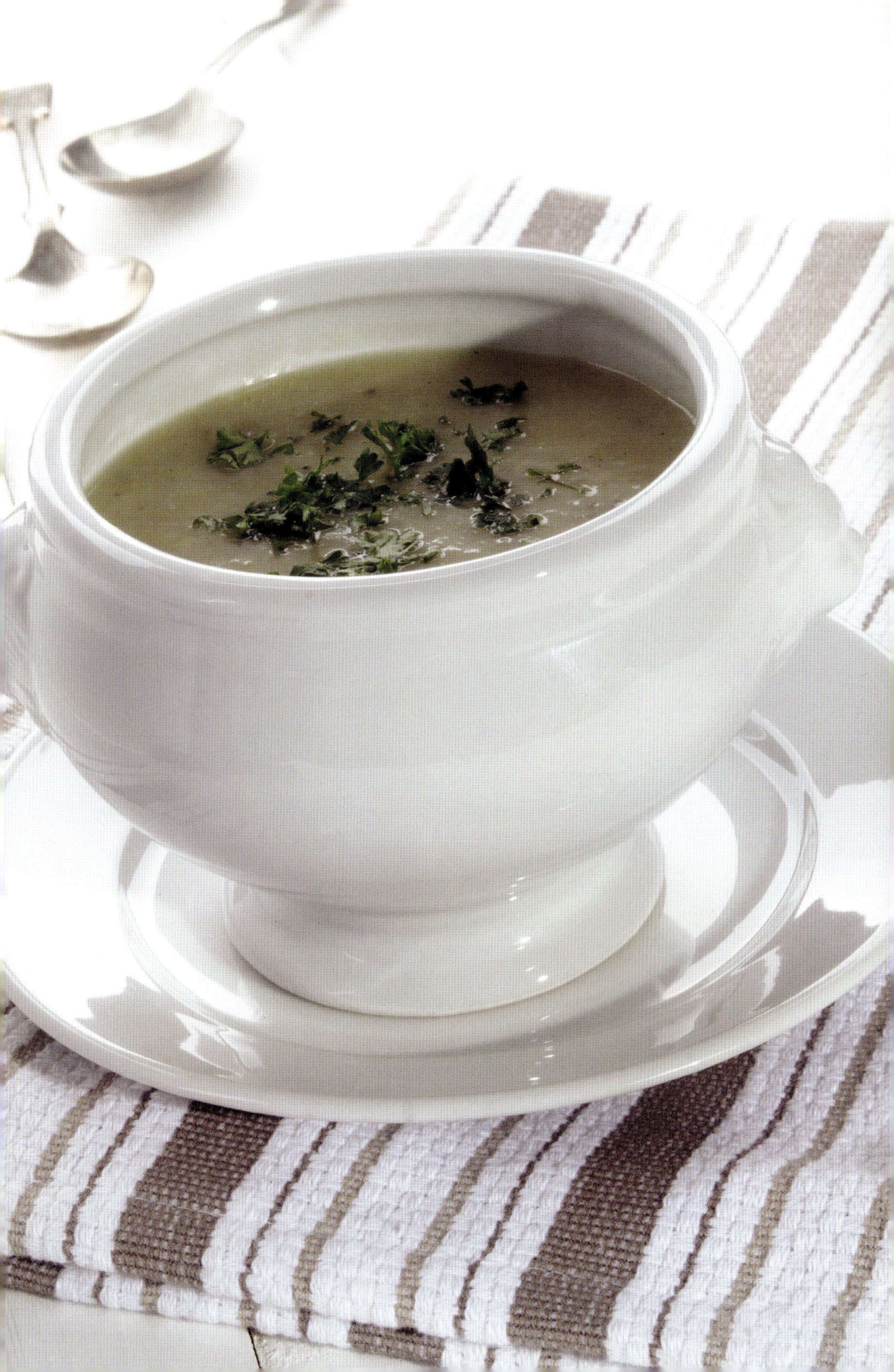

## SUPPPENKLASSIKER

4 Portionen | 30 Min. | leicht

# TOMATENCREMESUPPE

**Zubereitungszeit: 30 Minuten**
**Zutaten für 4 Portionen**

| 1 Zwiebel, halbiert |
| 2 Knoblauchzehen |
| 15 g Olivenöl |
| 1 Dose geschälte Tomaten (800 g) |
| 2 EL Tomatenmark |
| 500 g Wasser |
| 1 Lorbeerblatt |
| 1 Zweig Thymian |
| 1 Prise Zucker |
| Salz nach Belieben |
| 100 g Sahne |

**1.** Als Erstes schälst du die Zwiebel und den Knoblauch und halbierst die Zwiebel. Du gibst beides in den Mixtopf, zerkleinerst alles 5 Sekunden/ Stufe 5 und schiebst es mit dem Spatel nach unten.

**2.** Füge nun einen Esslöffel Olivenöl dazu und dünste die Zwiebeln und den Knoblauch 2 Minuten/ Varoma/ Stufe 2.

**3.** Als Nächstes kannst du die geschälten Tomaten, das Tomatenmark und das Wasser hinzugeben. Das Lorbeerblatt und den Thymianzweig bindest du zusammen und fügst sie hinzu. Würze die Mischung mit Salz und Zucker und koche sie 20 Minuten/ 100°C/ Stufe 1.

**4.** Anschließend nimmst du das Kräutersträußchen heraus und pürierst die Suppe 30 Sekunden/ Stufe 5.

**5.** Als Letztes rührst du die Sahne noch 5 Sekunden/ Stufe 4 unter und schmeckst die Tomatencremesuppe ab. Zum Servieren verteilst du sie auf tiefe Teller und servierst sie sofort.

**mixtipp**
Parmesankäse, Croûtons, frittierte Salbeiblätter, geröstete Haselnüsse oder Mozzarellastückchen – sei kreativ beim Topping.

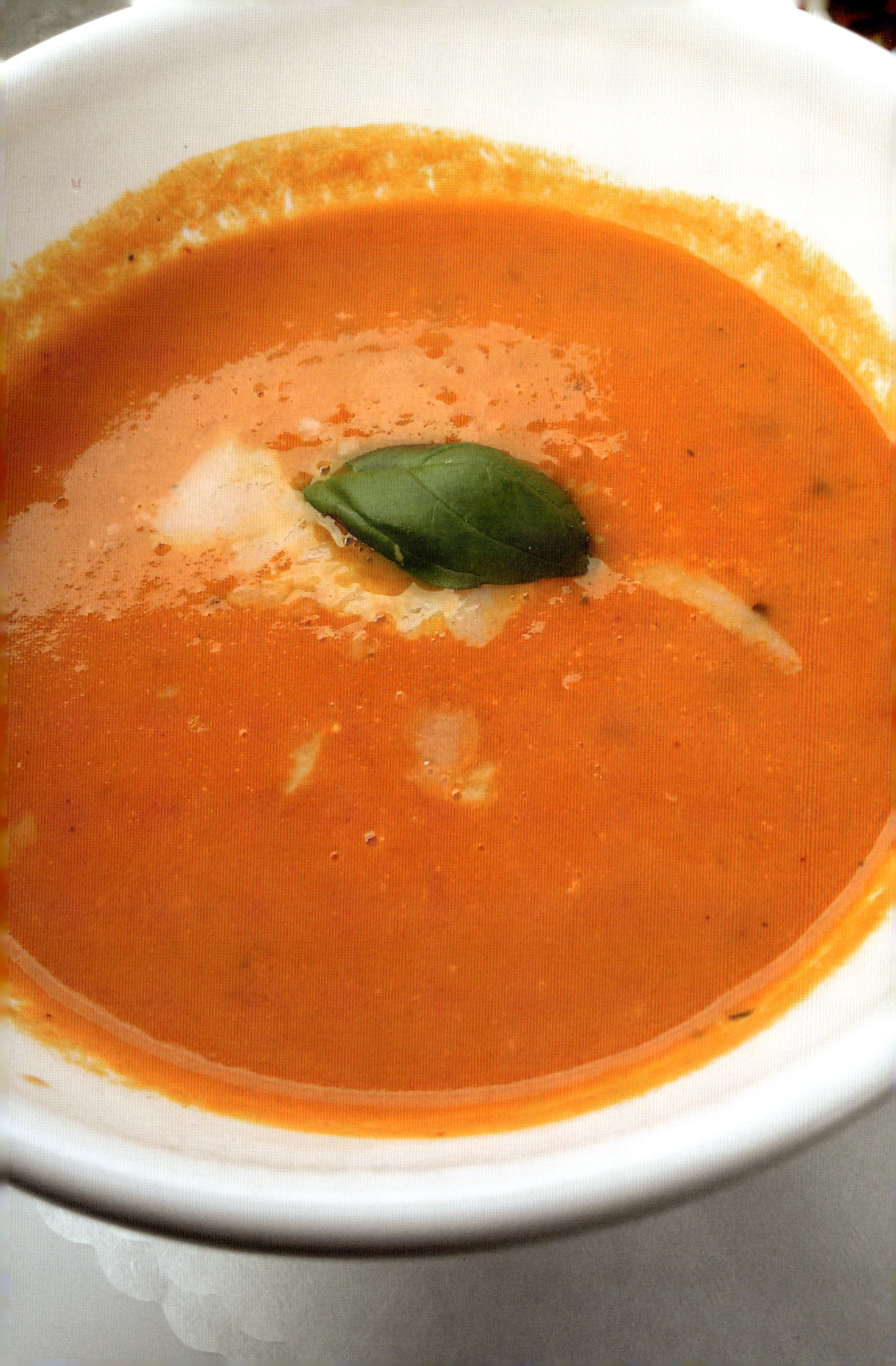

## SUPPENKLASSIKER

4 Portionen | 45 Min. | mittel

# STEINPILZSUPPE

**Zubereitungszeit: 45 Minuten**
**Zutaten für 4 Portionen**

| |
|---|
| 500 g Steinpilze |
| 15 g Olivenöl |
| Paprikapulver nach Belieben |
| Knoblauchsalz nach Belieben |
| 1 Zwiebel, halbiert |
| 1 Knoblauchzehe |
| 200 g Waldpilzfond |
| 750 g Milch |
| 50 g Walnussöl |
| 20 g Olivenöl |
| Thymian nach Belieben |
| Pfeffer nach Belieben |
| Salz nach Belieben |

**1.** Als Erstes putzt und säuberst du die Steinpilze vorsichtig. Suche fünf besonders schöne Pilze heraus und schneide sie in kleine, feine Würfel. Erhitze etwas Olivenöl in einer Pfanne und brate die Steinpilzwürfel scharf an, bis sie kross gebacken sind. Dann würzt du sie mit etwas Paprikapulver und Knoblauchsalz. Lass die fertigen Pilzwürfel in einem Sieb abtropfen und stelle sie zur Seite.

**2.** Jetzt schälst du die Zwiebel und den Knoblauch, halbierst sie und zerkleinerst sie 5 Sekunden/ Stufe 5 im Mixtopf. Mit dem Spatel schiebst du die Stückchen bis zum Messer runter. Danach gießt du das Walnussöl in den Mixtopf und dünstest die Zwiebelstückchen darin 2 Minuten/ Varoma/ Stufe 2.

**3.** Füge nun die Steinpilze hinzu und gare alles 5 Minuten/ 100°C/ Stufe 2. Anschließend gießt du den Waldpilzfond hinzu und kochst die Suppe weitere 5 Minuten/ 100°C / Stufe 2.

**4.** Nimm etwa ein Drittel der Steinpilze aus dem Mixtopf und stell sie beiseite. Die restliche Suppe kannst du 20 Sekunden/ Stufe 8 pürieren.

**5.** Füge nun die Milch hinzu und koche die Suppe 10 Minuten/ 80°C/ Stufe 2 fertig. Schmecke sie zum Schluss mit Salz, Pfeffer und Thymian ab und füge die beiseite gestellten Pilzstücke wieder hinzu. Rühre das ganze 2 Minuten/ 80°C/ Linkslauf/ Stufe 2 durch.

**6.** Serviere die Suppe heiß in tiefen Tellern oder Schälchen und garniere sie mit den Steinpilzcroûtons.

**mixtipp**
*Steinpilze lassen sich prima einfrieren, so hat man auch im Winter stets beste Zutaten parat.*

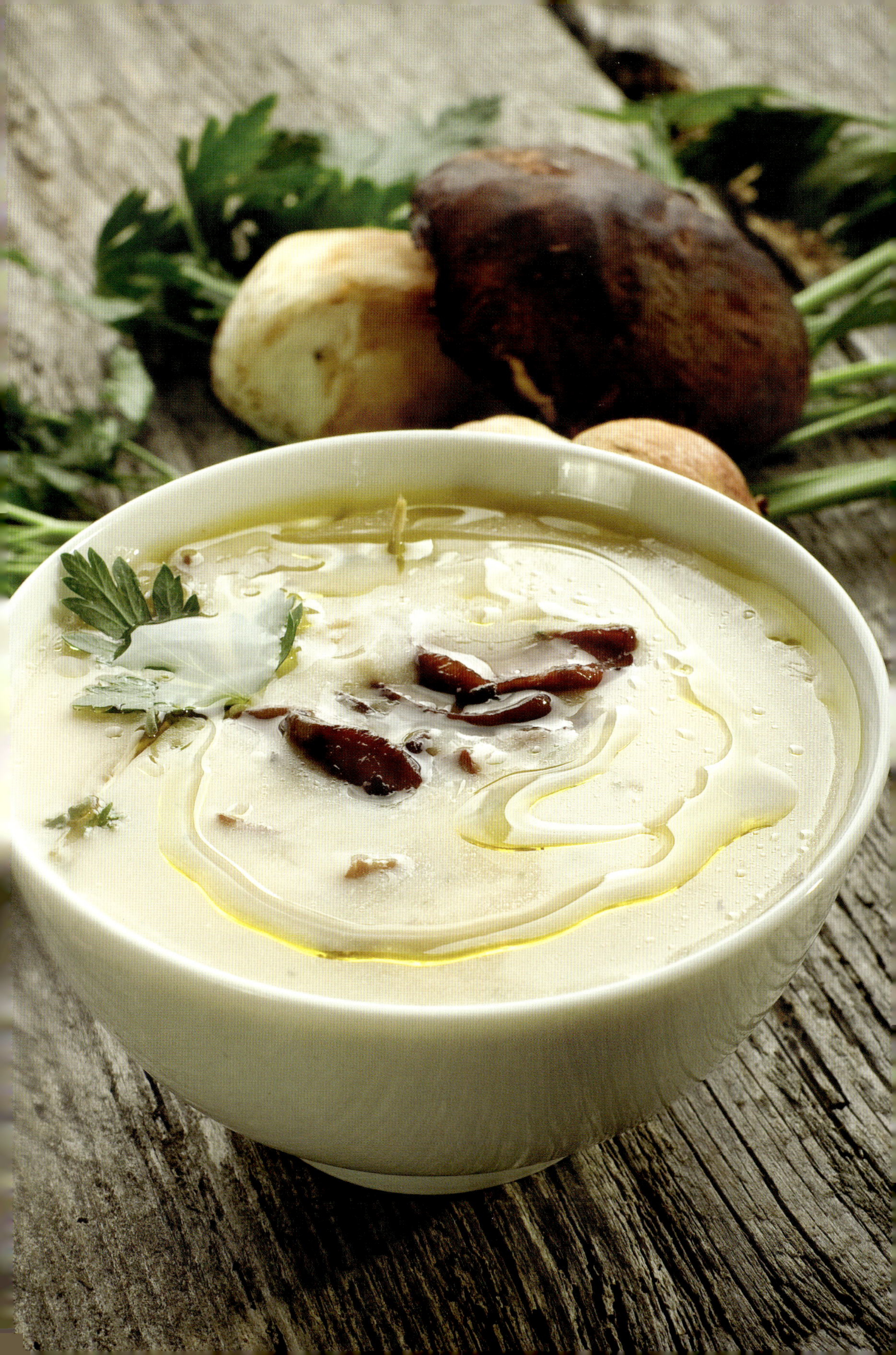

## SUPPPENKLASSIKER

# KÜRBISCREMESUPPE

4 Portionen | 30 Min. | mittel

**Zubereitungszeit: 30 Minuten**
**Zutaten für 4 Portionen**

100 g Apfel

1200 g Butternusskürbis, in Stücken

2 Zwiebeln, halbiert

1 Knoblauchzehe

15 g Olivenöl

750 g Geflügelbrühe

Salz nach Belieben

100 g Sahne

Muskat zum Bestreuen

**1.** Als Erstes schälst du den Apfel, schneidest das Kerngehäuse heraus und teilst ihn in Viertel. Dann schälst du den Kürbis und entfernst die Kerne. Zerkleinere im Mixtopf das Kürbisfruchtfleisch und den Apfel 10 Sekunden/ Stufe 7 und füll die Mischung danach in eine Schüssel um.

**2.** Jetzt schälst und halbierst du Zwiebeln und Knoblauch, zerkleinerst sie im Mixtopf 5 Sekunden/ Stufe 5 und schiebst sie mit dem Spatel nach unten. Gieß das Öl dazu und dünste die Zwiebelstückchen darin 2 Minuten/ Varoma/ Stufe 2 an.

**3.** Als Nächstes gibst du die Kürbis-Apfel-Mischung auf die Zwiebeln, fügst soviel Brühe hinzu, dass zwei Drittel des Gemüses bedeckt sind, und kochst alles 10 Minuten/ 100°C/ Stufe 2.

**4.** Gib nun das Salz dazu und püriere die Suppe 20 Sekunden/ Stufe 8. Danach gießt du die restliche Geflügelbrühe hinzu und lässt die Suppe noch einmal 15 Minuten/ 100°C/ Stufe 2 köcheln.

**5.** Als Letztes fügst du noch die Sahne hinzu und rührst sie 5 Sekunden/ Stufe 4 unter. Zum Servieren verteilst du die Suppe auf tiefe Teller oder Schälchen und streust etwas Muskatnuss darüber.

**mixtipp**
Nimm dieses Rezept als Basis! Experimentiere mit anderen Kürbissorten und Zutaten.

LIEBLINGSSUPPEN

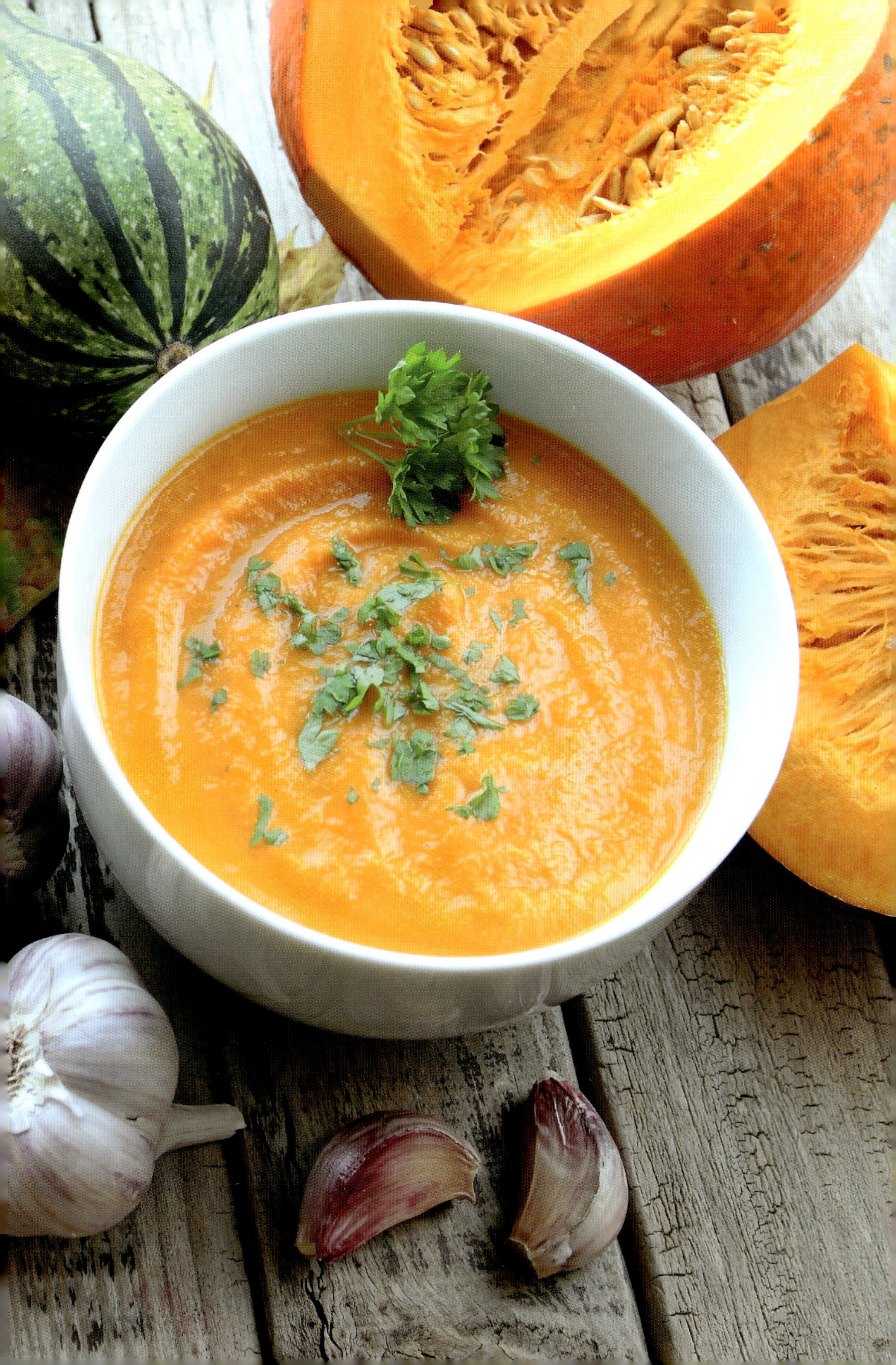

## SUPPENKLASSIKER

4 Portionen | 20 Min. | leicht

# ALLGÄUER KÄSESUPPE

**Zubereitungszeit: 20 Minuten**
**Zutaten für 4 Portionen**

| |
|---|
| 400 g Allgäuer Emmentaler |
| 300 g Weißbrot |
| 750 g Fleischbrühe |
| 250 g Weißwein |
| Salz nach Belieben |
| Pfeffer nach Belieben |
| Zucker nach Belieben |
| Gemischte Kräuter (z.B. Petersilie, Dill, Kerbel) |

**1.** Zerkleinere zuerst den Allgäuer Emmentaler 5 Sekunden/ Stufe 5 im Mixtopf, fülle ihn in eine Schüssel und stelle ihn beiseite. Du musst den Mixtopf nicht reinigen.

**2.** Dann schneidest du vom Weißbrot die Rinde ab, würfelst das Brot und gibst 200 g davon in den Mixtopf. Schütte die Brühe hinzu und koche die Suppe 8 Minuten/ 100°C/ Stufe 2.

**3.** In der Zwischenzeit kannst du die anderen Weißbrotwürfel in zerlassener Butter in einer Pfanne anrösten.

**4.** Fülle nun den Käse und den Weißwein in den Mixtopf und koche alles 10 Minuten/ 100°C/ Stufe 2. Püriere die Suppe anschließend 15 Sekunden/ Stufe 9.

**5.** Schmecke die Käsesuppe zum Schluss mit Salz, Pfeffer und Zucker ab und serviere sie mit den Kräutern und den Brotcroûtons bestreut in tiefen Tellern.

### mixtipp
Kinder lieben Käsesuppe mit Frischkäse als Zutat.

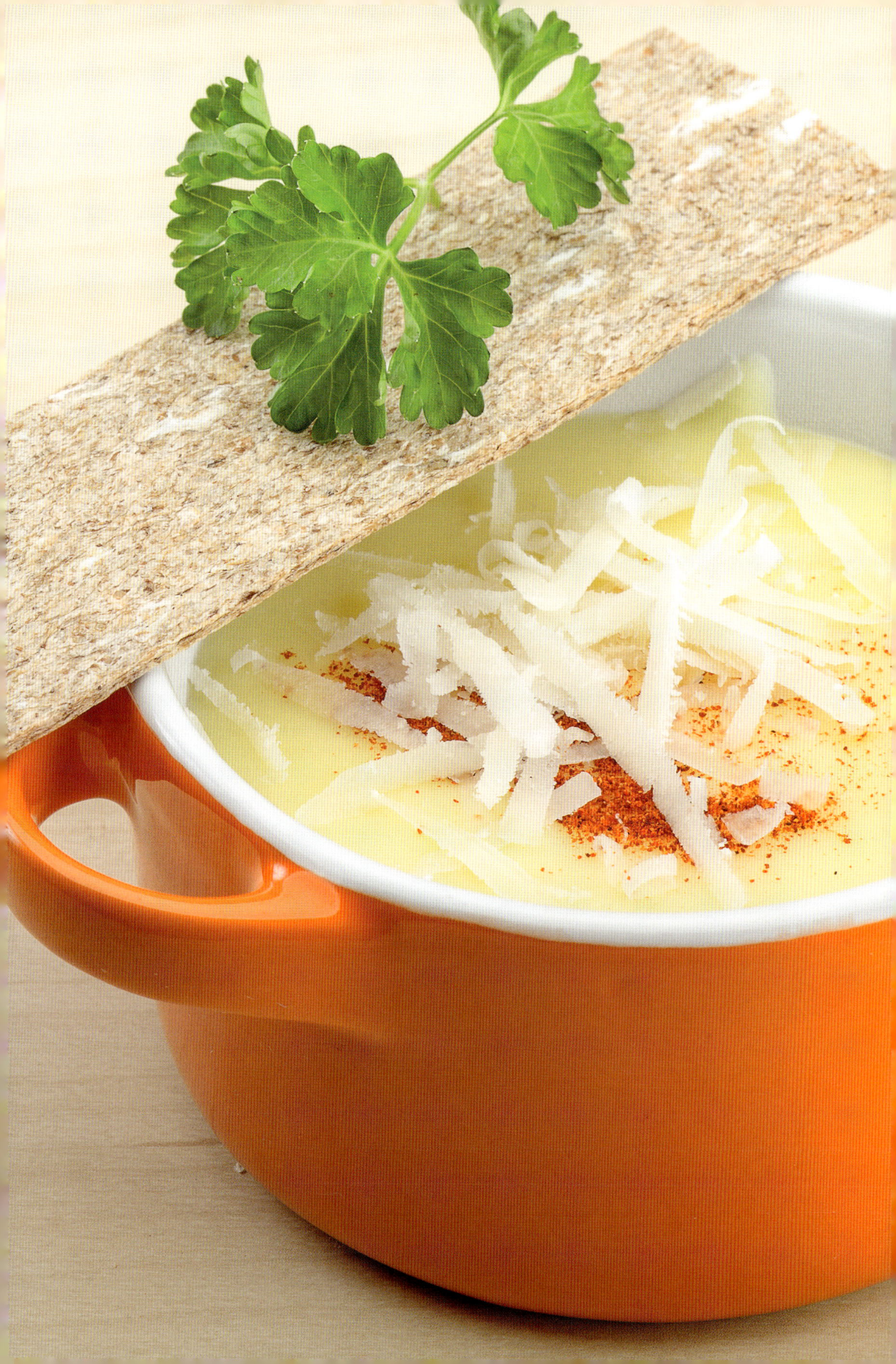

## SUPPENKLASSIKER

4 Portionen | 35 Min. | leicht

# KNOBLAUCHSUPPE

**Zubereitungszeit: 35 Minuten**
**Zutaten für 4 Portionen**

| |
|---|
| 1 Zwiebel, halbiert |
| 10 Knoblauchzehen |
| 200 g Kartoffeln |
| 200 g Sellerie |
| 40 g Butter |
| 1 EL Mehl |
| 750 g Hühnerbrühe |
| Salz nach Belieben |
| Pfeffer nach Belieben |
| Muskatnuss nach Belieben |

1. Zuerst schälst und halbierst du die Zwiebel. Dann schälst du die Knoblauchzehen. Wasch die Kartoffeln ab, schäle sie und schneide sie in grobe Stücke. Den Sellerie putzt und schälst du und schneidest ihn ebenfalls klein.

2. Alle Gemüsesorten zerkleinerst du nun im Mixtopf 8 Sekunden/ Stufe 5. Danach gibst du sie in eine Schüssel und säuberst den Mixtopf mit etwas Wasser.

3. Jetzt gibst du die Butter in den Mixtopf und lässt sie 2 Minuten/ 70°C/ Stufe 2 schmelzen. Dünste darin das Gemüse 5 Minuten/ Varoma/ Stufe 3. Anschließend streust du das Mehl darüber und verrührst alles 8 Sekunden/ Stufe 4.

4. Als Nächstes füllst du die Hühnerbrühe in den Mixtopf und kochst die Suppe 20 Minuten/ Varoma/ Stufe 2. Würze sie ganz nach deinem Geschmack mit Muskatnuss, Salz und Pfeffer und püriere sie danach 20 Sekunden/ Stufe 5.

**mixtipp**
Knoblauch sollte kühl und trocken im Gemüsefach des Kühlschrankes gelagert werden. Ist er gekeimt, kann ein bitterer Nachgeschmack entstehen.

LIEBLINGSSUPPEN

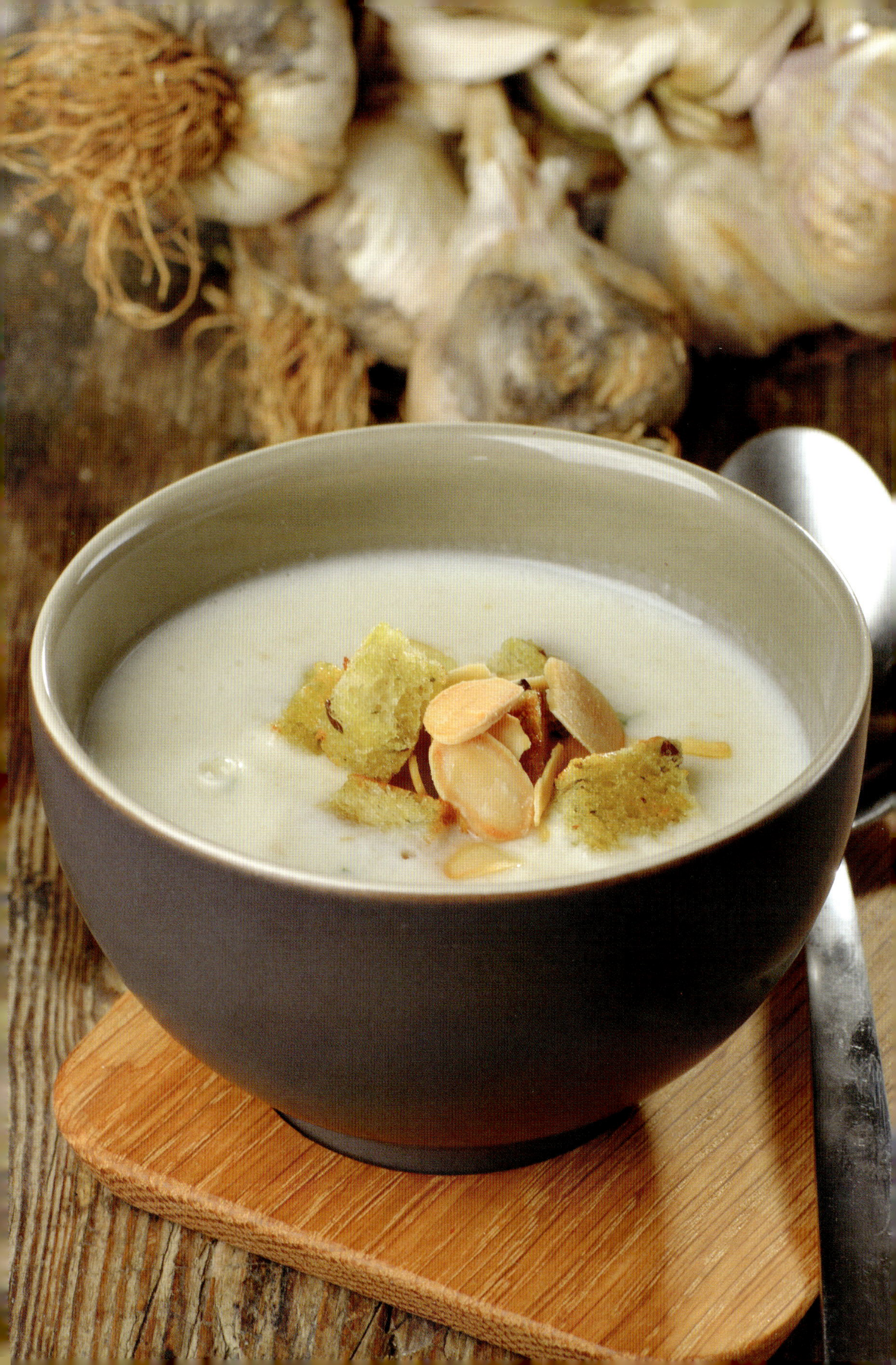

# PASTINAKEN-CREMESUPPE

4 Portionen | 35 Min. | leicht

**Zubereitungszeit: 35 Minuten**
**Zutaten für 4 Portionen**

900 g Pastinaken

2 Zwiebeln, halbiert

15 g Rapsöl

Salz nach Belieben

850 g Gemüsebrühe

150 g Crème fraîche

Crème fraîche zum Garnieren

**1.** Wasche und schäle die Pastinaken und gib sie zusammen mit den geschälten und halbierten Zwiebeln in den Mixtopf. Zerkleinere alles 5 Sekunden/ Stufe 5 und schieb es mit dem Spatel nach unten.

**2.** Nun gibst du das Rapsöl hinzu und dünstest alles 10 Minuten/ 100°C/ Stufe 2. Füge die Brühe hinzu, salze die Mischung und lass sie 20 Minuten/ 100°C/ Stufe 2 kochen.

**3.** Zum Schluss fügst du noch die Crème fraîche hinzu und pürierst die Suppe danach 30 Sekunden/ Stufe 10.

**4.** Zum Servieren verteilst du die Suppe auf tiefe Teller oder Schälchen und garnierst sie mit einem Klacks Crème fraîche.

**mixtipp**
Zum Garnieren gibst du in einer Pfanne geröstete Pastinakenscheiben über die Suppe.

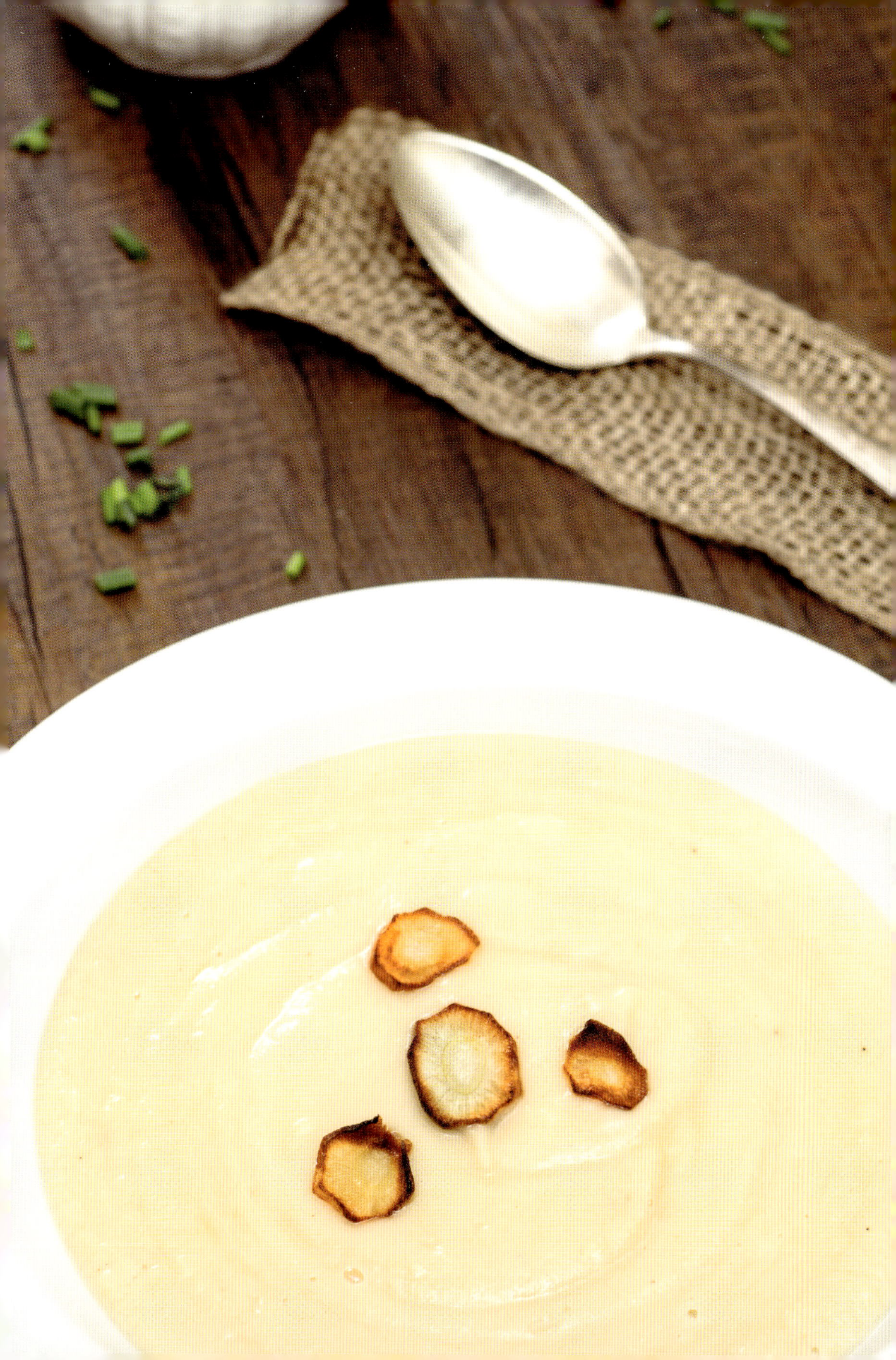

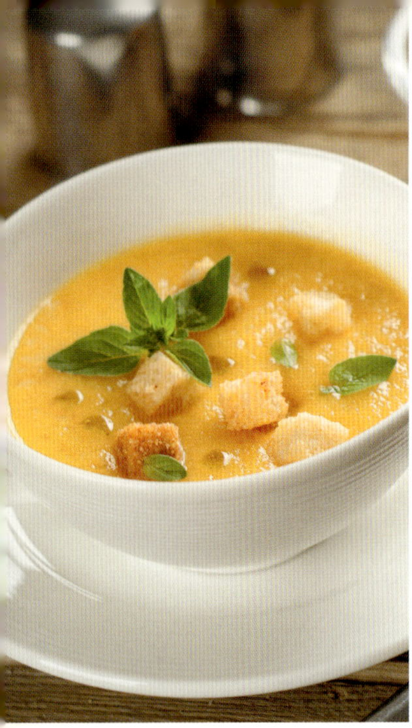
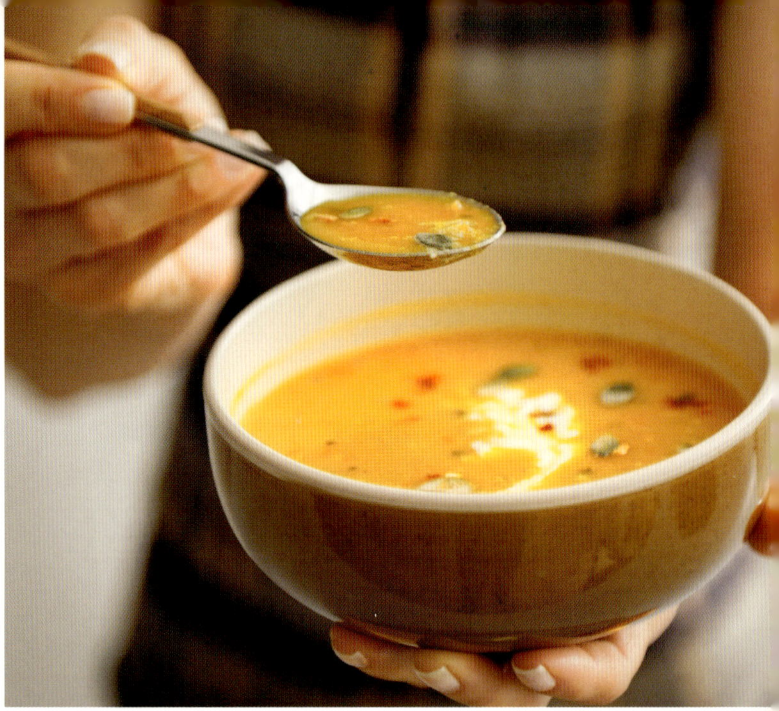
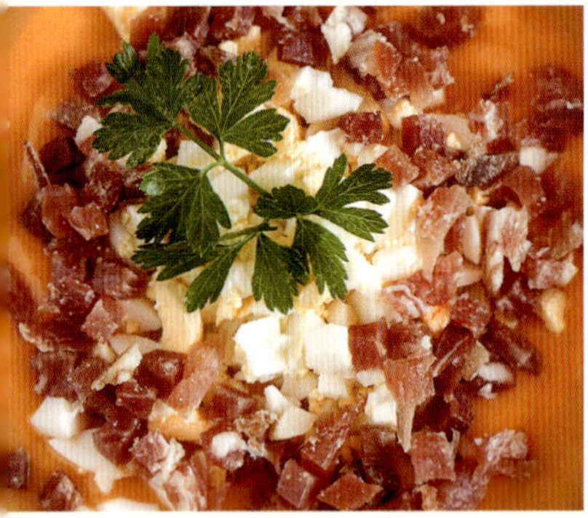
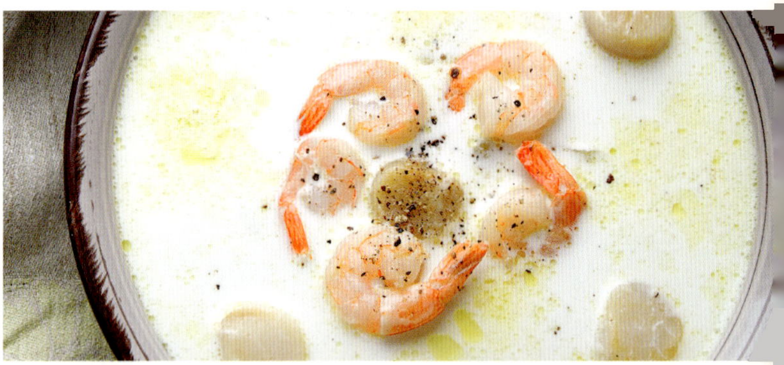
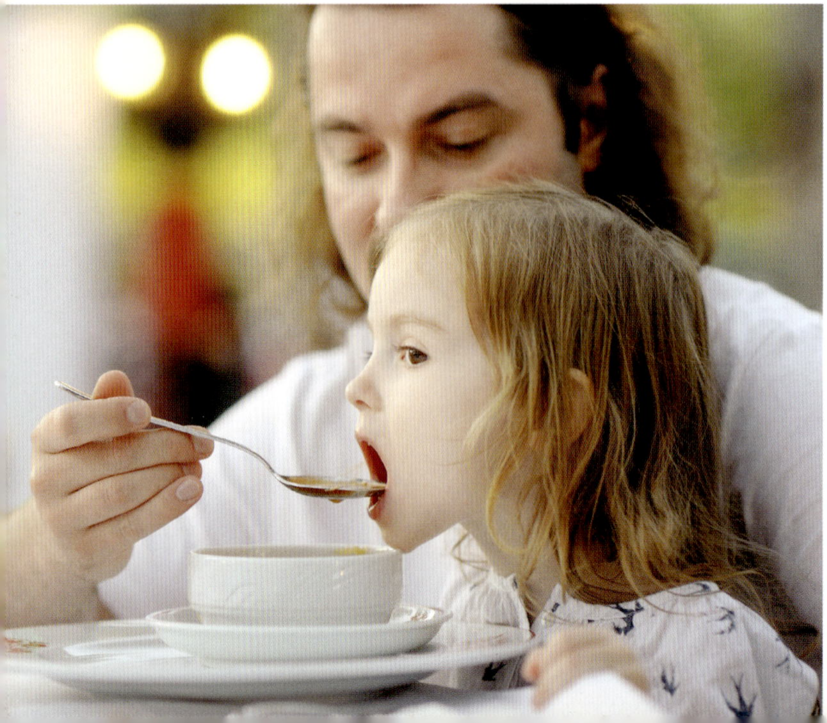
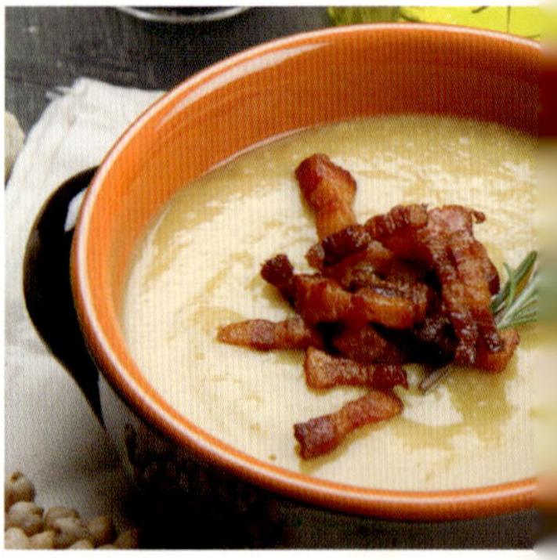
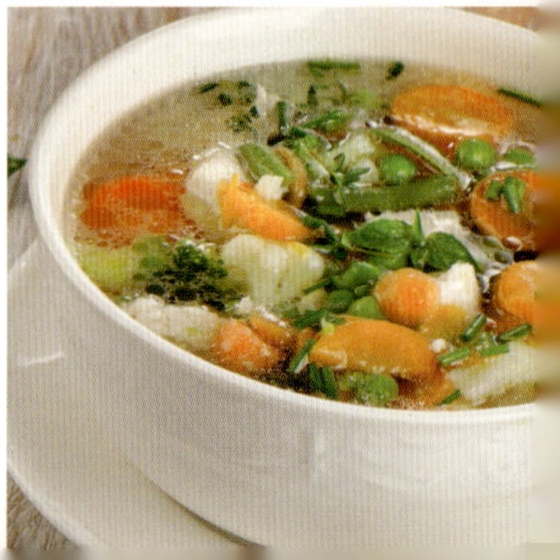

# INTERNATIONALE SUPPEN

## INTERNATIONALE SUPPEN

3 Portionen | 20 Min. | mittel

# MINESTRONE ALL'ITALIANA

**Zubereitungszeit: 20 Minuten**
**Zutaten für 3 Portionen**

| |
|---|
| 30 g Parmesan oder Grana Padano, in Stücken |
| 1 Knoblauchzehe |
| 100 g Blumenkohl, in Stücken |
| 100 g Möhren, in Stücken |
| 50 g Zucchini, in Stücken |
| 50 g Lauchzwiebeln, in Ringen |
| 50 g Brokkoli |
| 50 g Erbsen |
| 400 g Gemüsebrühe |
| Salz nach Belieben |
| Pfeffer nach Belieben |
| 50 g Tomaten |

**1.** Als Erstes gibst du den Käse in den Mixtopf und zerkleinerst ihn 5 Sekunden/ Stufe 10. Füll ihn bis zum Servieren in eine Schüssel um.

**2.** Nun kannst du den Knoblauch schälen und 5 Sekunden/ Stufe 5 zerkleinern. Danach schiebst du ihn mit dem Spatel nach unten.

**3.** Wasche und schäle den Blumenkohl, die Möhren und die Zucchini und schneide sie in grobe Stücke. Die Lauchzwiebeln spülst du ab, entfernst die Wurzeln und schneidest sie in Ringe. Zerkleinere anschließend alle Gemüsesorten im Mixtopf 8 Sekunden/ Stufe 4.

**4.** Jetzt wäschst du den Brokkoli, schneidest den Strunk ab und zerteilst ihn in einzelne Brokkolirosen. Gib sie danach mit den Erbsen zum übrigen Gemüse und gieß die Gemüsebrühe dazu. Die Mischung würzt du nach deinem Geschmack mit Salz und Pfeffer und kochst sie dann 12 Minuten/ 100°C/ Stufe 1.

**5.** Währenddessen schälst du die Tomaten, schneidest sie in Stücke und gibst sie zwei Minuten vor dem Ende der Kochzeit zur Suppe.

**6.** Zum Servieren verteilst du die Minestrone auf tiefe Teller oder Schüsseln und bestreust sie mit dem geriebenen Käse.

*mixtipp: Dazu schmeckt Ciabatta!*

LIEBLINGSSUPPEN

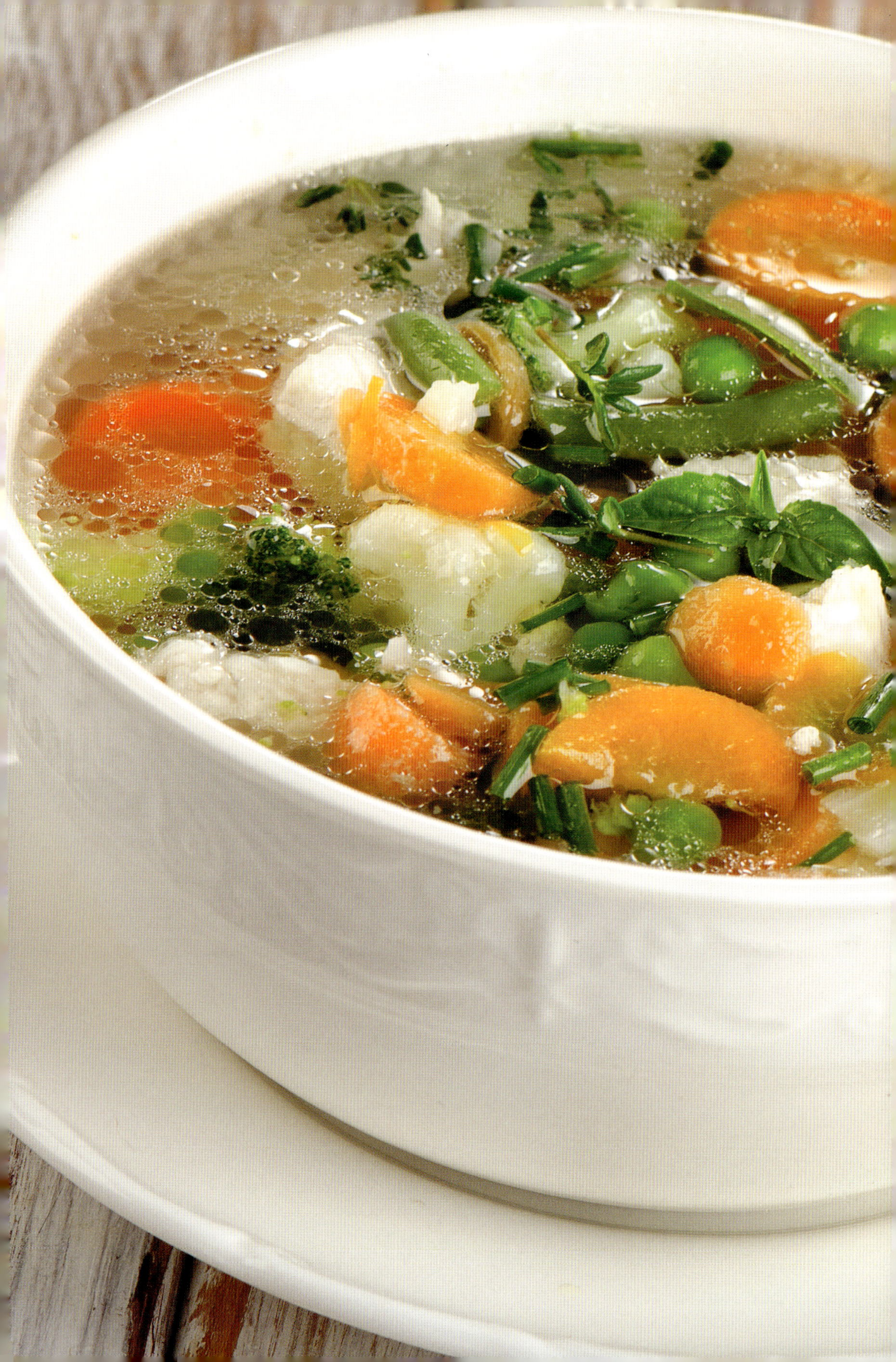

# KICHERERBSENSUPPE

**Zubereitungszeit: 25 Minuten**
**Zutaten für 4 Portionen**

| |
|---|
| 1500 g Wasser |
| 2 Äpfel, in Vierteln |
| 2 Bünde glatte Petersilie |
| 1 Zwiebel, halbiert |
| 35 g Rapsöl |
| 2-3 TL Kreuzkümmel, grob gemahlen |
| 1 Prise Kurkuma |
| 300 g Kichererbsen, aus der Dose |
| 6 TL Gemüsebrühepulver |
| Salz nach Belieben |
| Pfeffer nach Belieben |
| 80 g Frischkäse |

**1.** Als Erstes schälst du die Äpfel, entkernst und viertelst sie und zerkleinerst sie im Mixtopf 4 Sekunden/ Stufe 4. Dann stellst du sie zunächst beiseite und trocknest den Topf ab. Anschließend wäschst du die Petersilie, tupfst sie trocken und zerkleinerst sie im Mixtopf 7 Sekunden/ Stufe 8. Stell sie bis zum Servieren ebenfalls beiseite.

**2.** Schäle und halbiere als Nächstes die Zwiebel und zerkleinere sie im Mixtopf 5 Sekunden/ Stufe 5. Danach gibst du das Öl dazu und dünstest die Zwiebelstückchen darin 3 Minuten/ Varoma/ Stufe 1 an. Kurz vor Ende der Garzeit fügst du noch den Kreuzkümmel und die Kurkuma hinzu.

**3.** Jetzt kannst du die Kichererbsen mit 1000 g des Wassers und der Hälfte des Gemüsebrühepulvers in den Mixtopf füllen und alles 15 Minuten/ 100°C/ Stufe 2 kochen lassen. Gib anschließend die Apfelstückchen dazu und gare die Suppe noch einmal 5 Minuten/ 100°C/ Stufe 2.

**4.** Danach pürierst du die Suppe 20 Sekunden/ Stufe 8 und würzt sie bei Belieben mit dem restlichen Brühepulver, Salz und Pfeffer. Gib zum Schluss noch den Frischkäse dazu und verrühre die Suppe noch einmal 5 Sekunden/ Stufe 4.

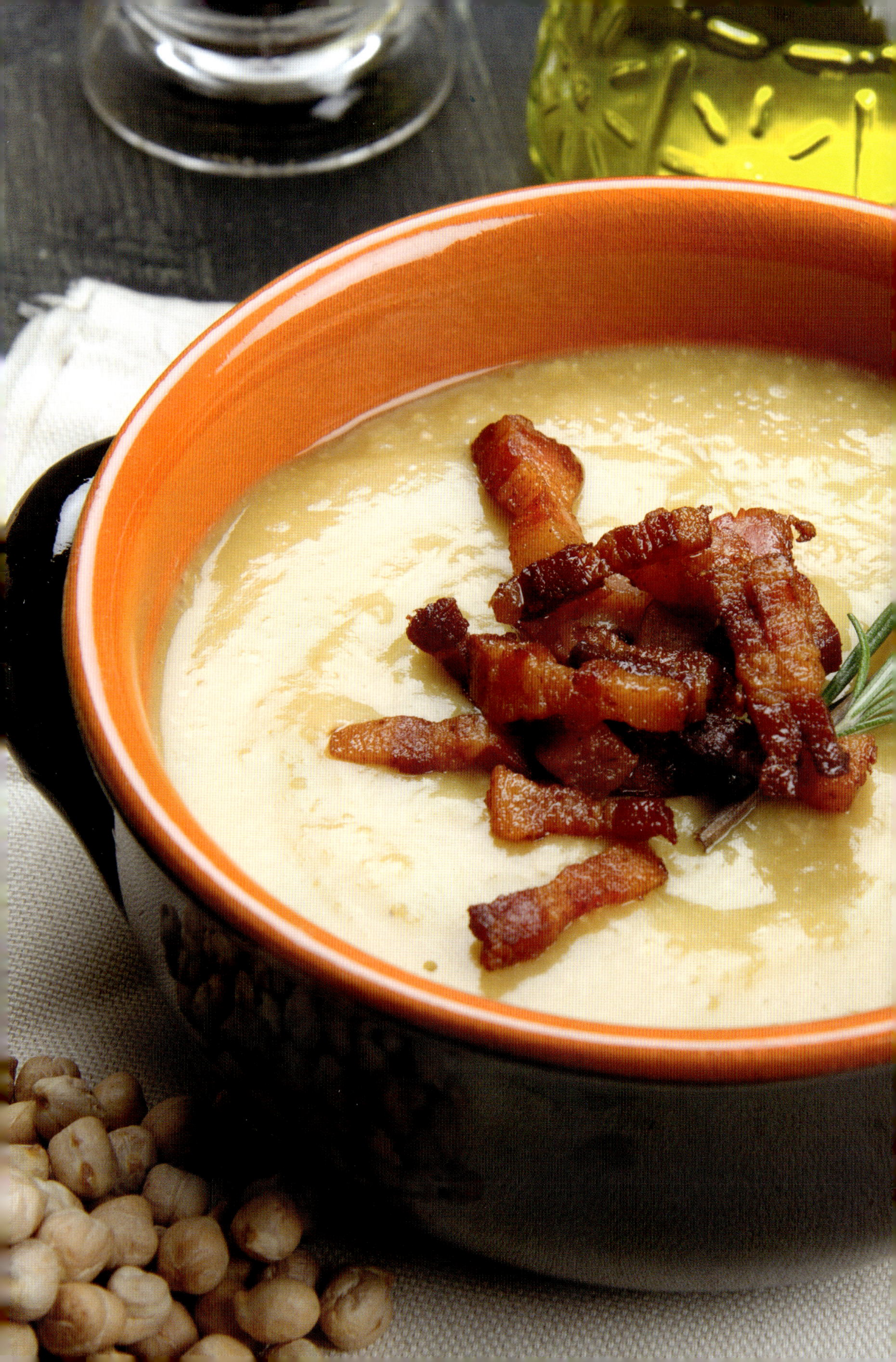

INTERNATIONALE SUPPEN

4 Portionen | 30 Min. | leicht

# ZWIEBELCREMESUPPE

Zubereitungszeit: 30 Minuten
Zutaten für 4 Portionen

500 g Zwiebeln

1 Knoblauchzehe

30 g Butter

30 g Mehl

300 g Wasser

300 g Milch

100 Sahne

50 g Gruyère

Salz nach Belieben

Muskatpulver nach Belieben

1 EL Senf

1 Prise Zimt

Croûtons zum Bestreuen nach Belieben

**1.** Zunächst schälst und halbierst du die Zwiebeln und den Knoblauch. Gib dann Knoblauch und 250 g Zwiebeln in den Mixtopf und zerkleinere sie 5 Sekunden/ Stufe 5. Schieb die Mischung mit dem Spatel nach unten, gib die Butter und das Mehl hinzu und dünste alles noch mal 3-4 Minuten/ 100°C/ Stufe 1 an.

**2.** Jetzt gibst du die restlichen 250 g Zwiebeln hinzu und zerkleinerst sie 5 Sekunden/ Stufe 5. Dann gießt du Wasser und Milch hinzu und kochst alles 20 Minuten/ 100°C/ Stufe 2.

**3.** Anschließend fügst du noch die Sahne und den Käse samt Salz, Muskat, Senf und Zimt hinzu, setzt als Spritzschutz den Messbecher auf und pürierst das Süppchen 1 Minute, wobei du nach und nach von Stufe 4 auf Stufe 8 hochschaltest.

**4.** Zum Servieren füllst du die Zwiebelcremesuppe in tiefe Teller oder Schüsselchen. Wenn du magst, bestreust du sie mit Croûtons.

**mixtipp**

Wer mag, ersetzt bei der Wassermenge 100 g durch einen trockenen Weißwein, am besten Riesling.

LIEBLINGSSUPPEN

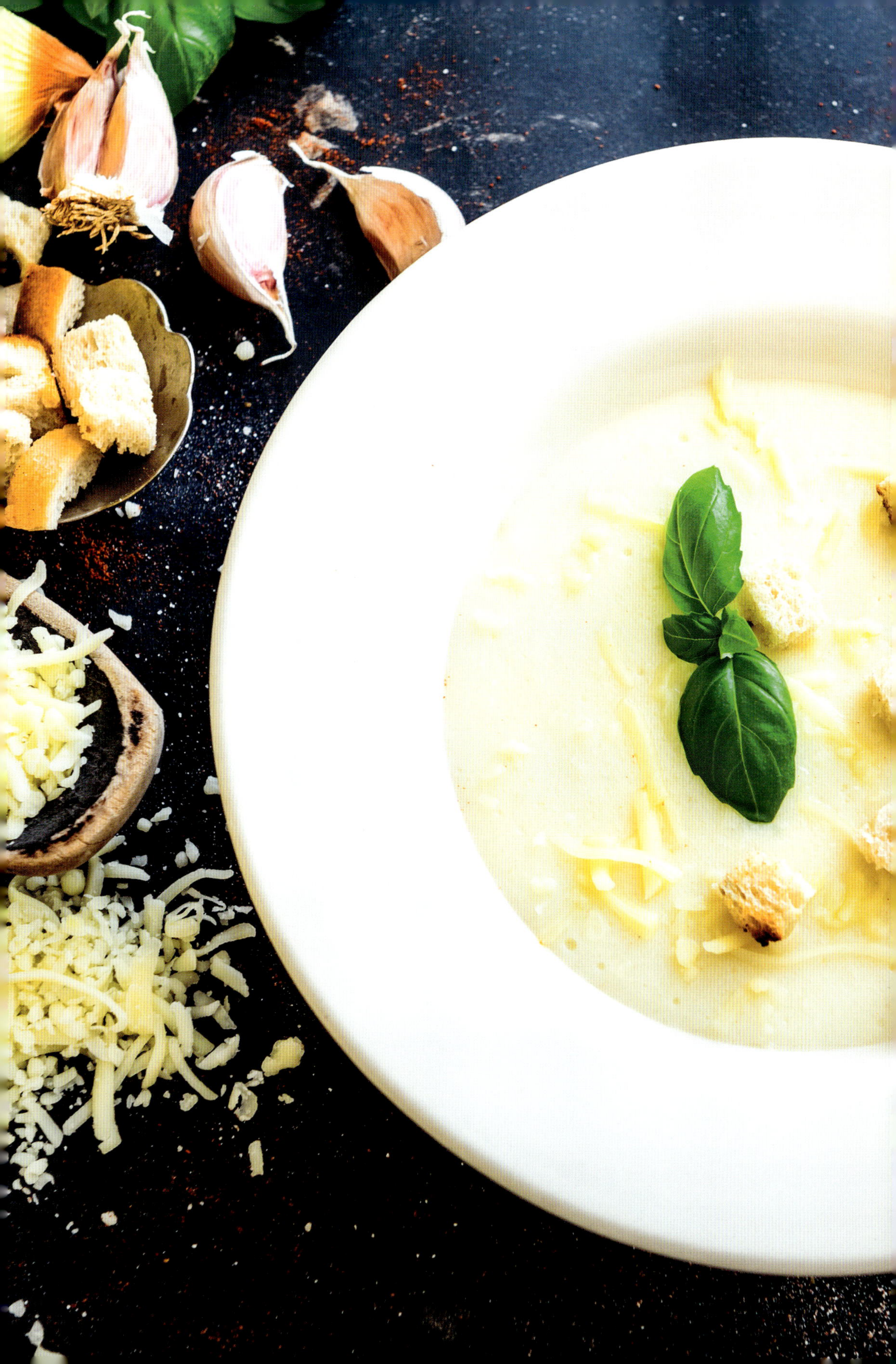

# PAPAYASUPPE

**Zubereitungszeit: 35 Minuten**
**Zutaten für 6 Portionen**

| |
|---|
| 1 Zwiebel, halbiert |
| 150 g Knollensellerie |
| 25 g Ingwer |
| 50 g Butter |
| 1000 g Papaya |
| 30 g weißer Portwein |
| 500 g Gemüsebrühe |
| 400 g Kokosmilch |
| 15 g Limonensaft |
| 5 g Chiliflocken |
| Salz nach Belieben |
| Pfeffer nach Belieben |
| Zucker nach Belieben |

**1.** Als Erstes schälst und halbierst du die Zwiebel. Dann entfernst du den Strunk der Sellerieknolle, schälst sie und schneidest sie in grobe Stücke. Auch den Ingwer schälst du und schneidest ihn klein.

**2.** Gib die Gemüsesorten in den Mixtopf, zerkleinere sie 5 Sekunden/ Stufe 5 und schieb sie mit dem Spatel nach unten. Füge danach die Butter hinzu und dünste die Gemüsestückchen darin 5 Minuten/ Varoma/ Stufe 1.

**3.** Als Nächstes wäschst und schälst du die Papaya, entfernst die Kerne und gibst das Fruchtfleisch kleingeschnitten in den Mixtopf. Zerkleinere es 4 Sekunden/ Stufe 4 und gare anschließend alles 5 Minuten/ 100°C/ Stufe 2.

**4.** Jetzt kannst du den Portwein und die Brühe dazugeben und die Suppe 13 Minuten/ 90°C/ Stufe 1 köcheln lassen. Anschließend pürierst du sie 8 Sekunden/ Stufe 8.

**5.** Gieß nun noch die Kokosmilch dazu und lass die Suppe noch einmal 4 Minuten/ 90°C/ Stufe 2 köcheln. Dann schmeckst du sie mit Chiliflocken, Salz, Pfeffer und Zucker ab und verrührst alles 12 Sekunden/ Stufe 8.

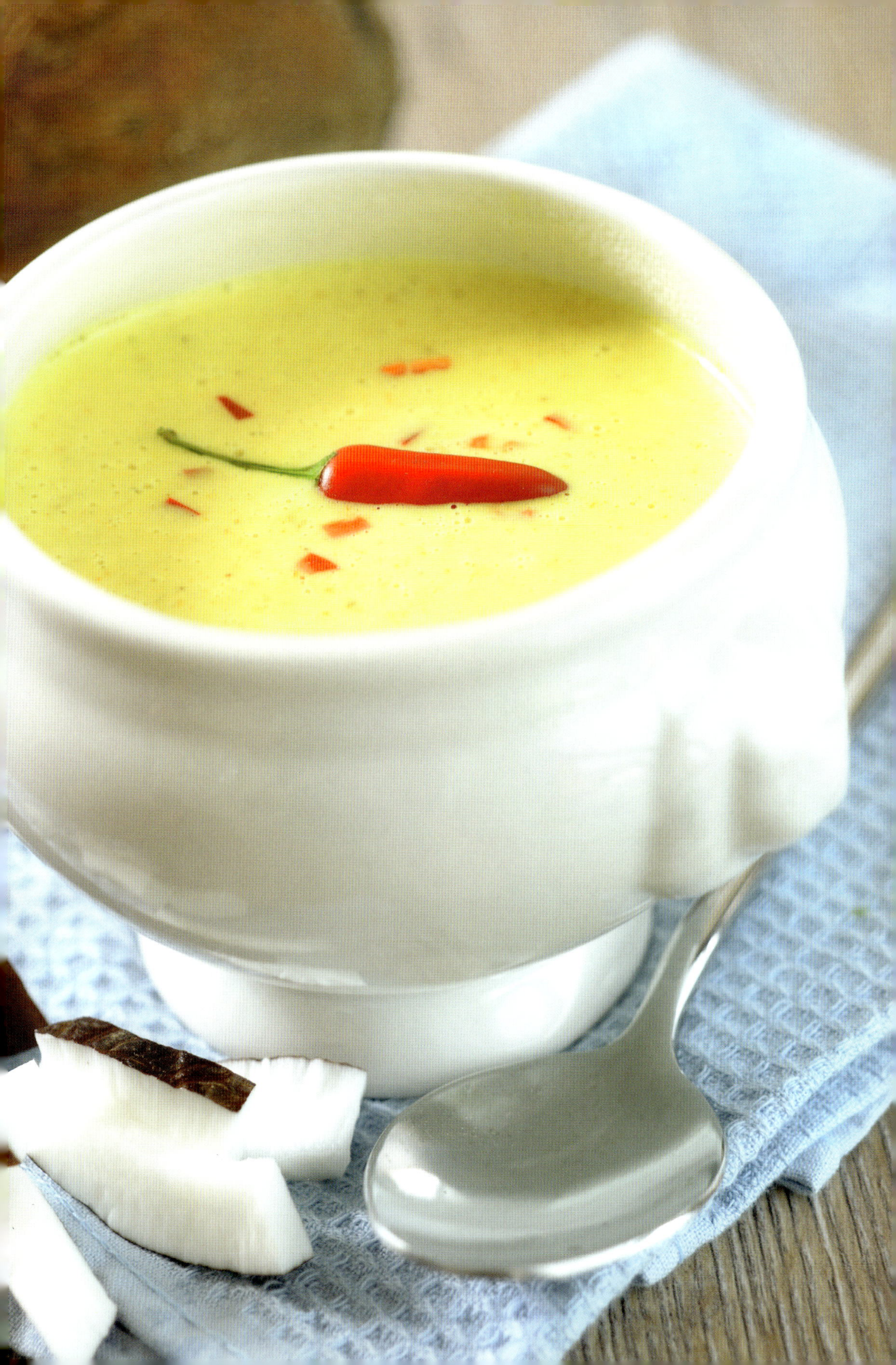

# SALMOREJO

**4 Portionen | 10 Min. | leicht**

**Zubereitungszeit: 10 Minuten**
**Zutaten für 4 Portionen**

| |
|---|
| 1 Knoblauchzehe |
| 1000 g reife Tomaten |
| 250 g Olivenöl |
| Essig nach Belieben |
| 200 g Toastbrot |
| Salz nach Belieben |
| Pfeffer nach Belieben |

**1.** Als Erstes schälst du die Knoblauchzehe und zerkleinerst sie im Mixtopf 5 Sekunden/ Stufe 5.

**2.** Dann wäschst du die Tomaten, entfernst die Strünke und schneidest sie in Viertel. Gib sie auf die Knoblauchstückchen und püriere alles 1 Minute, wobei du nach und nach von Stufe 5 auf Stufe 9 hochschaltest.

**3.** Nun zupfst du das Brot in kleine Stücke und gibst sie mit dem Öl und dem Essig auf die Tomatenmischung. Salze und pfeffere alles nach deinem Geschmack und verrühre die Suppe anschließend noch einmal 2 Minuten/ Stufe 6.

**4.** Bis zum Servieren stellst du den Salmorejo im Kühlschrank kalt.

**mixtipp**

In Spanien isst man zur Suppe gekochtes Ei und Schinkenwürfel

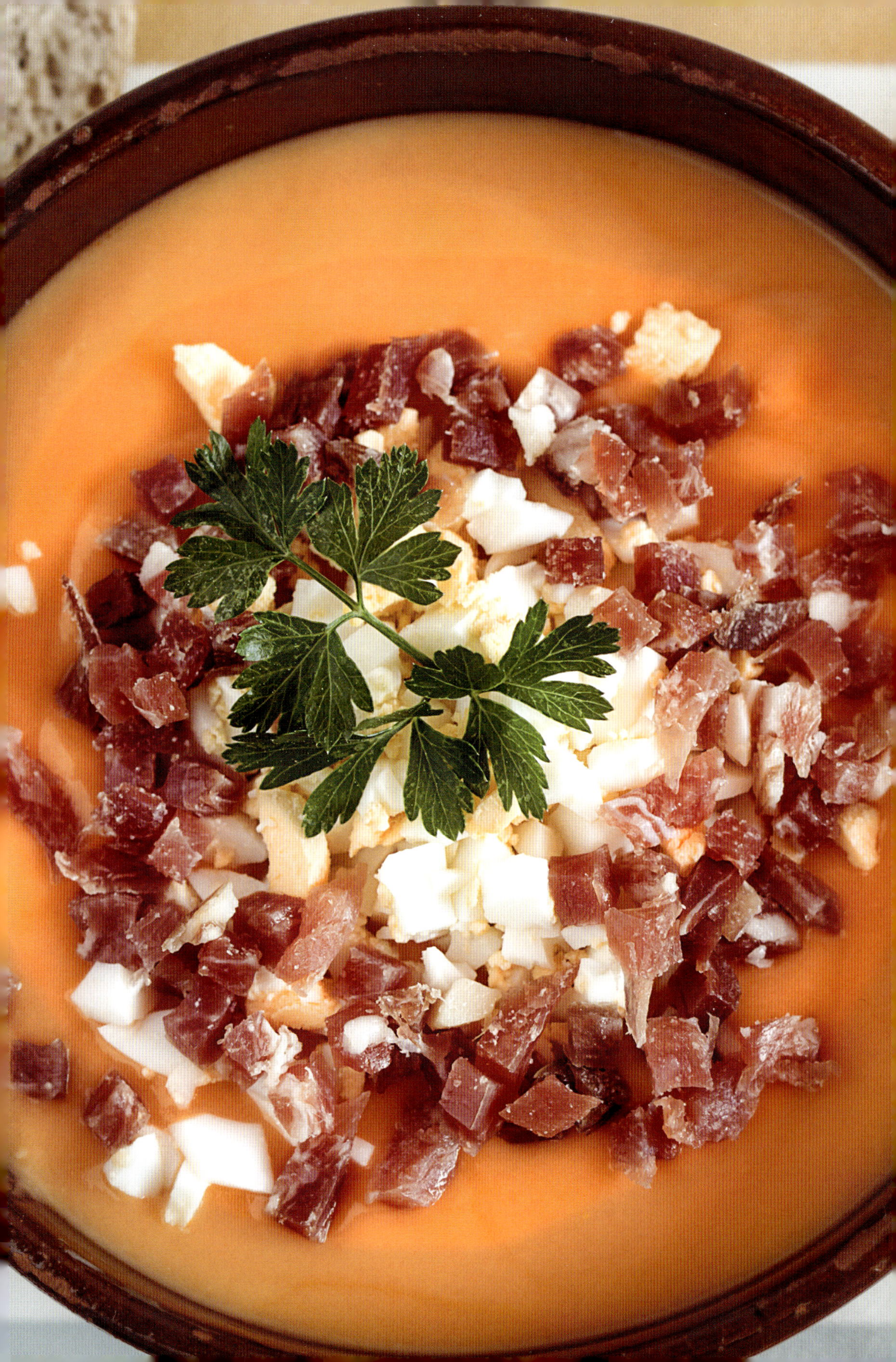

## INTERNATIONALE SUPPEN

4 Portionen | 40 Min. | mittel

# CLAM CHOWDER

**Zubereitungszeit: 40 Minuten**
**Zutaten für 4 Portionen**

| |
|---|
| 200 g Bacon, gewürfelt |
| 1 Zwiebel, halbiert |
| 1 Stängel Staudensellerie, in Stücken |
| 40 g Mehl |
| 700 g Kartoffeln, gewürfelt |
| 500 g Fischfond |
| 5 g Salz |
| Pfeffer nach Belieben |
| 400 g Miesmuscheln |
| 250 g Milch |
| 100 g Sahne |

**1.** Als Erstes zerkleinerst du den Bacon im Mixtopf 5 Sekunden/ Stufe 4, schiebst ihn mit dem Spatel nach unten und garst ihn anschließend 5 Minuten/ 100°C/ Stufe 2.

**2.** Dann schälst und halbierst du die Zwiebeln. Putze den Sellerie und schneide ihn in grobe Stücke. Danach gibst du das Gemüse auf den Bacon und zerkleinerst alles 5 Sekunden/ Stufe 4. Schieb die Mischung anschließend mit dem Spatel nach unten. Dann bestäubst du sie mit dem Mehl und garst alles 8 Minuten/ 90°C/ Stufe 2.

**3.** Als Nächstes schälst du die Kartoffeln und schneidest sie in grobe Stücke. Zerkleinere sie ebenfalls 5 Sekunden/ Stufe 4 im Mixtopf. Anschließend kannst du Fischfond, Salz und Pfeffer hinzugeben und alles 15 Minuten/ 100°C/ Stufe 2 kochen lassen.

**4.** Jetzt ist es an der Zeit, das kleingeschnittene Muschelfleisch hinzuzufügen. Lass alles weitere 5 Minuten/ 100°C/ Stufe 2 köcheln, gib danach die Milch und die Sahne dazu und koche das Chowder noch einmal 2 Minuten/ 100°C/ Stufe 2.

**mixtipp**

Clam Chowder ist eine Muschelsuppe aus Neuengland. Traditionell verwendet man dort Venusmuscheln für die Rezeptur.

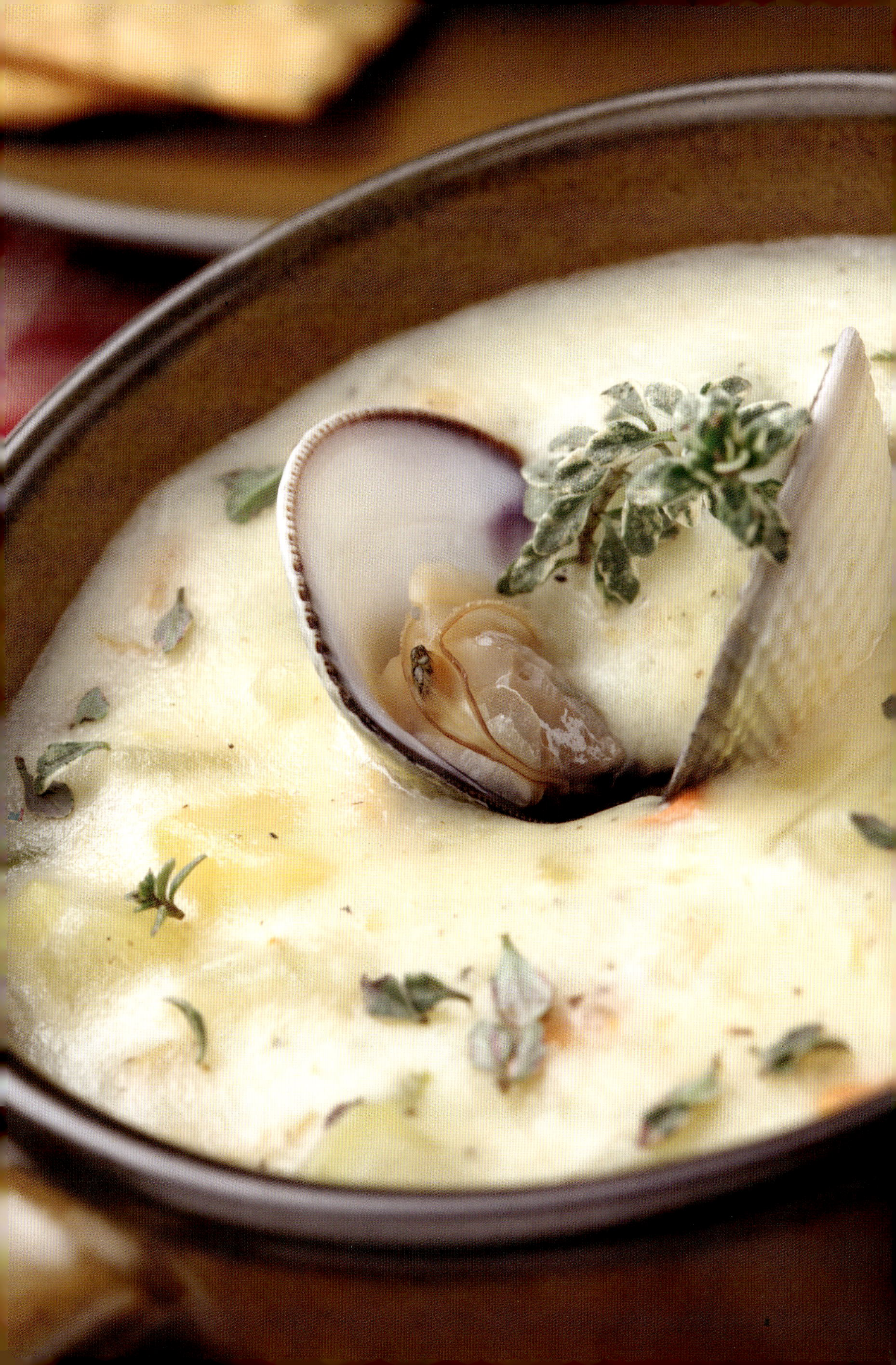

## INTERNATIONALE SUPPEN

4 Portionen | 15 Min. | leicht

# BANANENSUPPE

**Zubereitungszeit: 15 Minuten**
**Zutaten für 4 Portionen**

- 2 Zwiebeln, halbiert
- 15 g Butter
- 1 Mango
- 3 Bananen
- 3 TL Curry
- 1 Spritzer Zitronensaft
- 850 g Gemüsebrühe
- 100 g Crème fraîche
- Salz nach Belieben
- Tabascosauce oder Cayennepfeffer
- 1 Prise Zucker
- 4-5 TL Kokosraspeln
- 3 Stiele Zitronenmelisse

**1.** Als Erstes zerkleinerst du die Zwiebeln 5 Sekunden/ Stufe 5 und schiebst sie anschließend mit dem Spatel nach unten. Gib die Butter hinzu und dünste sie 2 Minuten/ 100°C/ Stufe 1 an.

**2.** Schneide nun die geschälte Mango und die Bananen in dünne Scheiben, gib sie mit dem Curry und dem Zitronensaft zu den Zwiebeln und erhitze alles 2 Minuten/ 100°C/ Stufe 2.

**3.** Als Nächstes gießt du Gemüsebrühe und Crème fraîche hinzu und lässt das Süppchen 5 Minuten/ 100°C/ Stufe 2 köcheln. Anschließend pürierst du alles noch mal 20 Sekunden/ Stufe 6.

**4.** Schmeck deine Bananensuppe mit den Gewürzen ab und garniere sie zum Servieren noch mit Kokosflocken und frischer Zitronenmelisse.

**mixtipp**
Wenn man nur 400 g Gemüsebrühe zugibt, erhält man eine leckere Sauce (z.B. für Fondue)!

LIEBLINGSSUPPEN

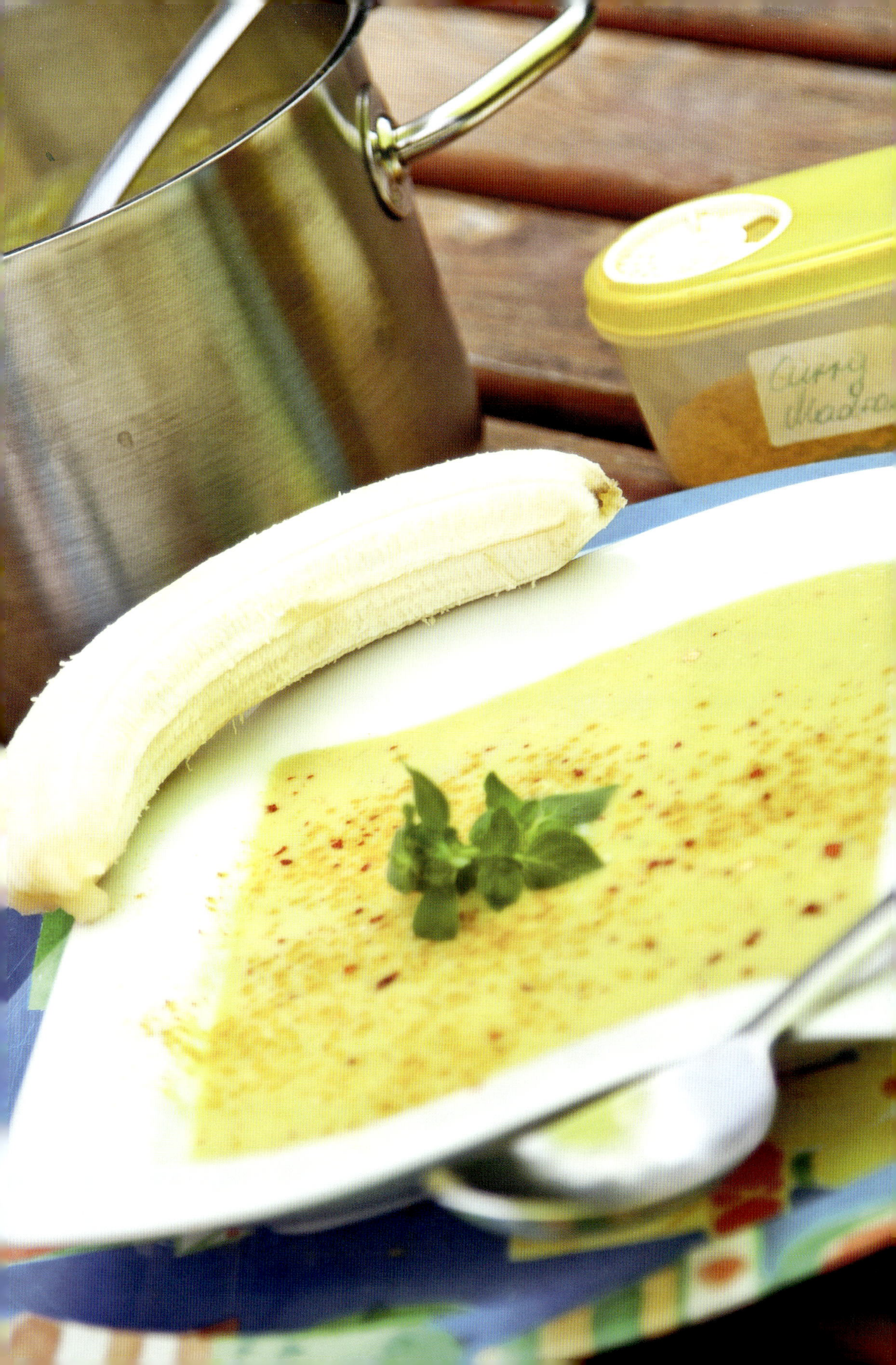
Curry

# QUITTENSUPPE MIT ZIMTCROÛTONS

4 Portionen | 30 Min. | leicht

**Zubereitungszeit: 30 Minuten**
**Zutaten für 4 Portionen**

| |
|---|
| 800 g Quitten |
| 20 g Butter |
| 50 g Zucker |
| 500 g Quittensaft |
| 2 Scheiben Toastbrot |
| 20 g Butter zum Anbraten |
| ½ TL brauner Zucker |
| ½ TL Zimt |
| 200 g Crème fraîche |

**1.** Als Erstes wäschst du die Quitten und reibst dann behutsam den Flaum von der Schale ab. Entkerne und halbiere sie, zerkleinere sie dann im Mixtopf 5 Sekunden/ Stufe 5 und schieb sie dann mit dem Spatel nach unten.

**2.** Nun fügst du die Butter hinzu und dünstest die Quittenstückchen darin mit 1 Esslöffel Zucker 3 Minuten/ Varoma/ Stufe 1 an. Anschließend gießt du den Quittensaft mit dem übrigen Zucker dazu und kochst die Mischung 15 Minuten/ Varoma/ Stufe 1.

**3.** Währenddessen schneidest du das Brot in kleine Stücke und brätst es in einer Pfanne in der zerlassenen Butter mit Zucker und Zimt an, bis es goldbraun ist.

**4.** Zum Schluss gibst du die Crème fraîche in die Suppe und pürierst sie 20 Sekunden/ Stufe 8. Danach schmeckst du sie ganz nach deinem Geschmack ab. Serviere sie in Suppenschälchen und streue die Croûtons darüber.

**mixtipp**
Quitten sind mit Äpfeln und Birnen verwandt. Es gibt die herbere Apfelquitte und die mildere Birnenquitte, die wir für dieses Rezept empfehlen.

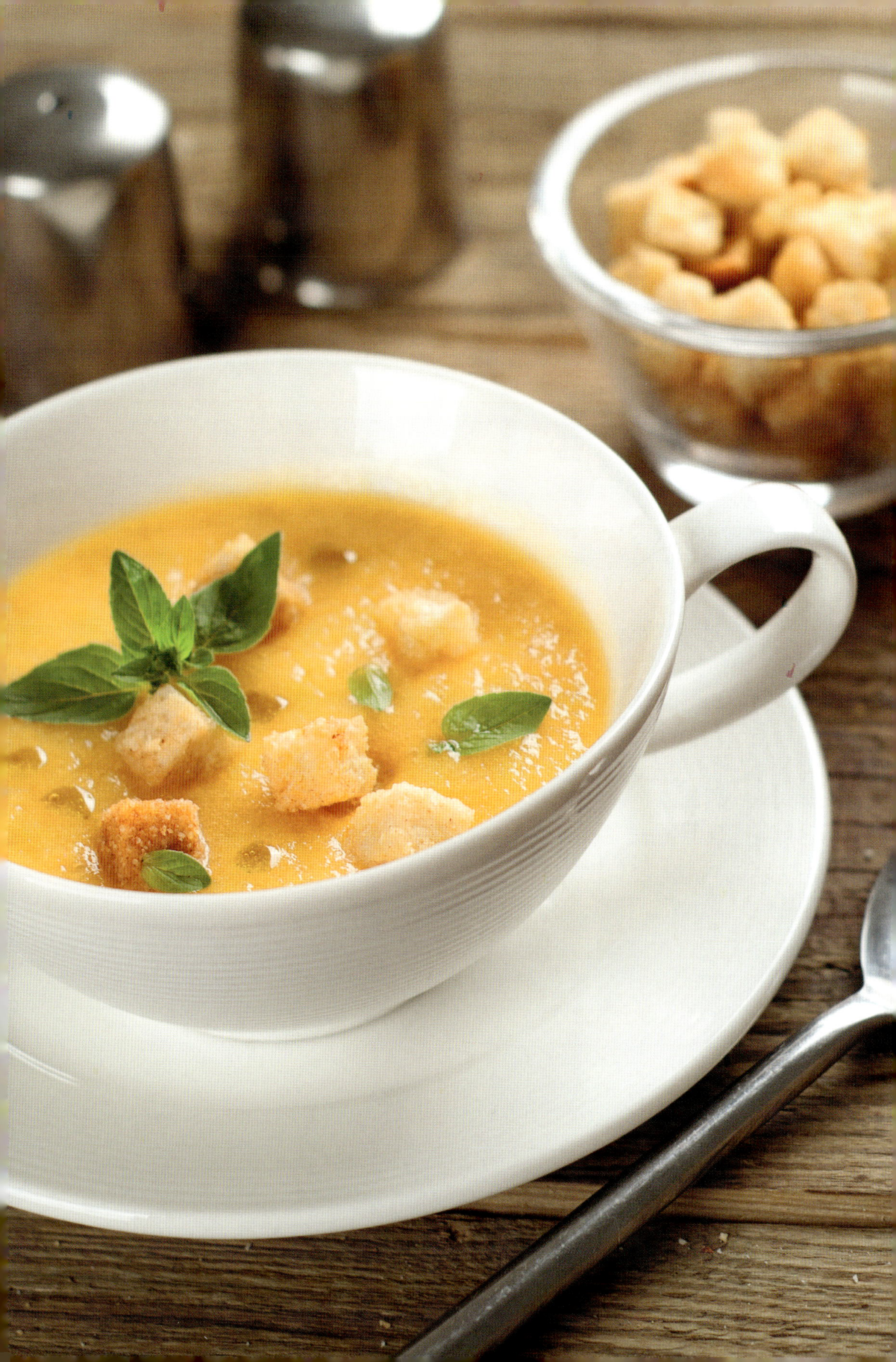

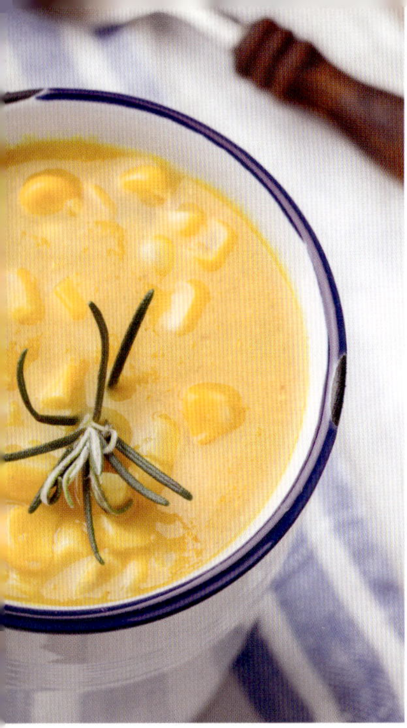
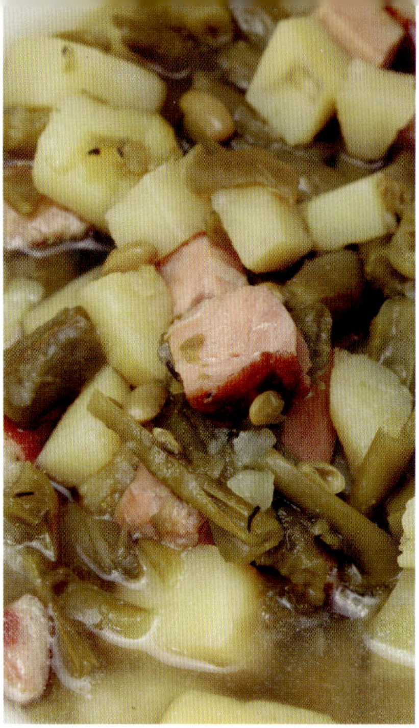
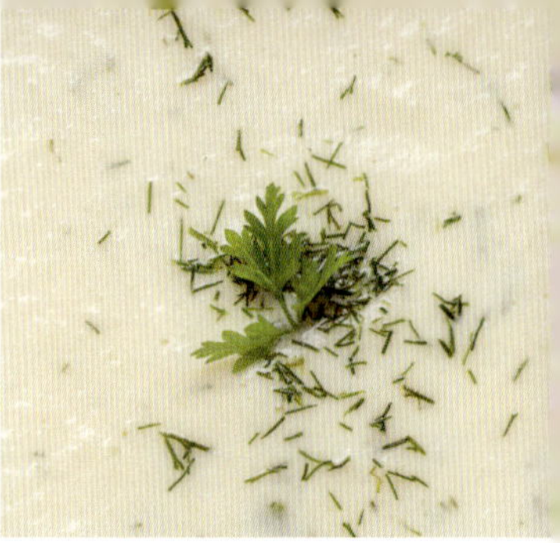
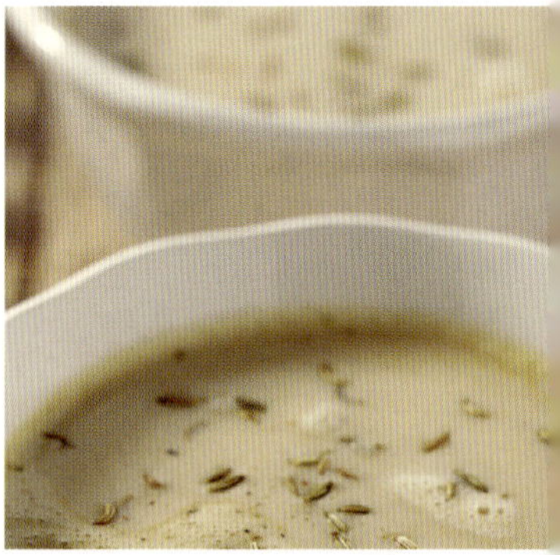
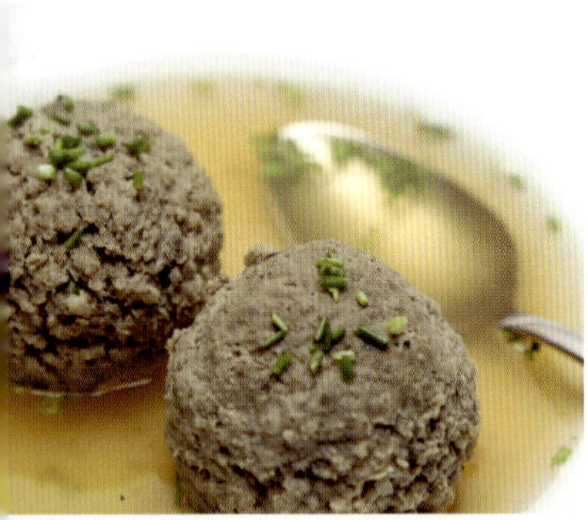
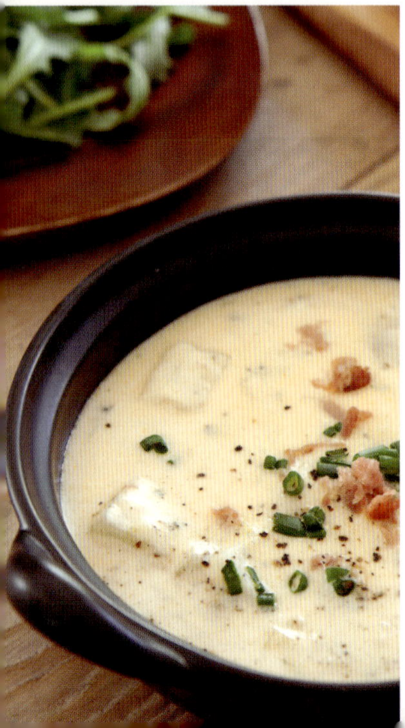
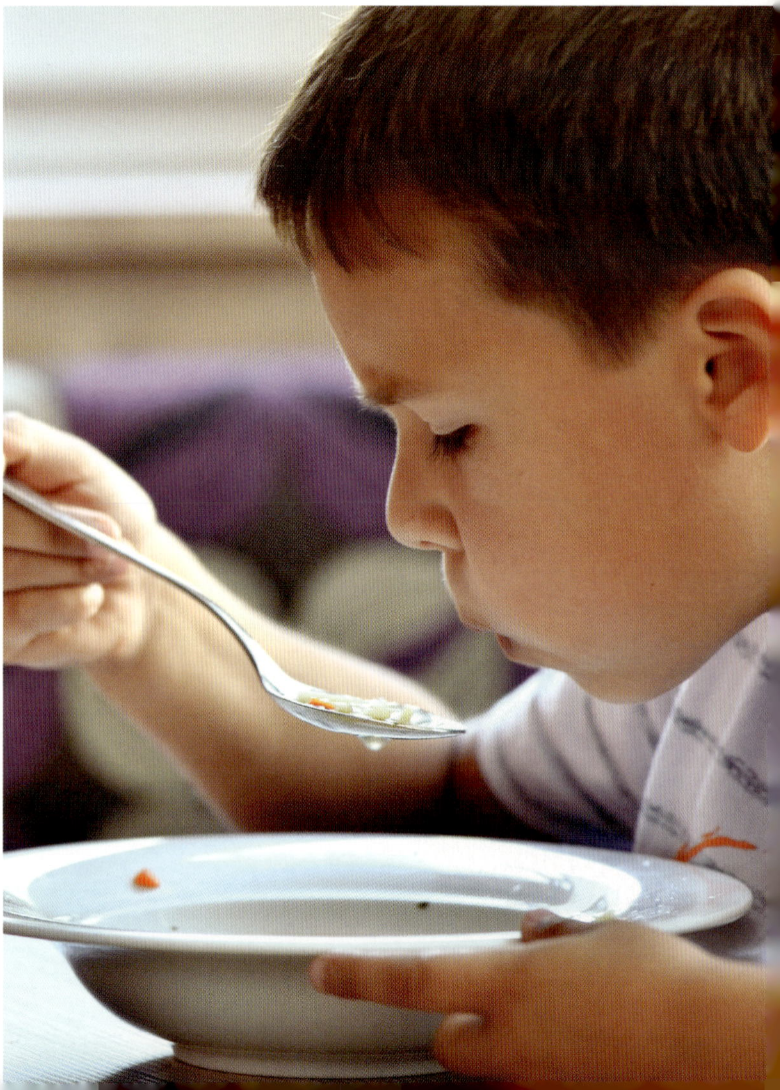

# LIEBLINGSSUPPEN

# SAUERKRAUTSUPPE

4 Portionen | 30 Min. | leicht

**Zubereitungszeit: 30 Minuten**
**Zutaten für 4 Portionen**

| |
|---|
| 2 Zwiebeln, halbiert |
| 50 g Butter |
| 500 g Sauerkraut |
| 750 g Gemüsebrühe |
| 250 g Crème fraîche oder Schmand |
| 10 g Honig |
| Salz nach Belieben |
| Pfeffer nach Belieben |
| Paprika, edelsüß, nach Belieben |

**1.** Als Erstes schälst und halbierst du die Zwiebeln und häckselst sie im Mixtopf 5 Sekunden/ Stufe 5. Schieb sie danach mit dem Spatel auf den Boden des Mixtopfs. Füge die Butter hinzu und dünste die Zwiebelstückchen 3 Minuten/ Varoma/ Stufe 1.

**2.** Nun füllst du das Sauerkraut in den Mixtopf und zerkleinerst es 8 Sekunden/ Stufe 6. Gieß anschließend die Gemüsebrühe dazu und vermische alles kurz mithilfe des Spatels. Dann kochst du die Mischung 15 Minuten/ 100°C/ Linkslauf/ Stufe 1.

**3.** Jetzt fügst du noch die Crème fraîche oder den Schmand, den Honig und die Gewürze hinzu und lässt die Suppe noch einmal 10 Minuten/ 100°C/ Linkslauf/ Stufe 1 köcheln.

**4.** Zum Servieren verteilst du die Suppe auf Schälchen oder tiefe Teller.

**mixtipp**
Noch herzhafter wird die Suppe, wenn du in Scheiben geschnittene Würstchen dazugibst.

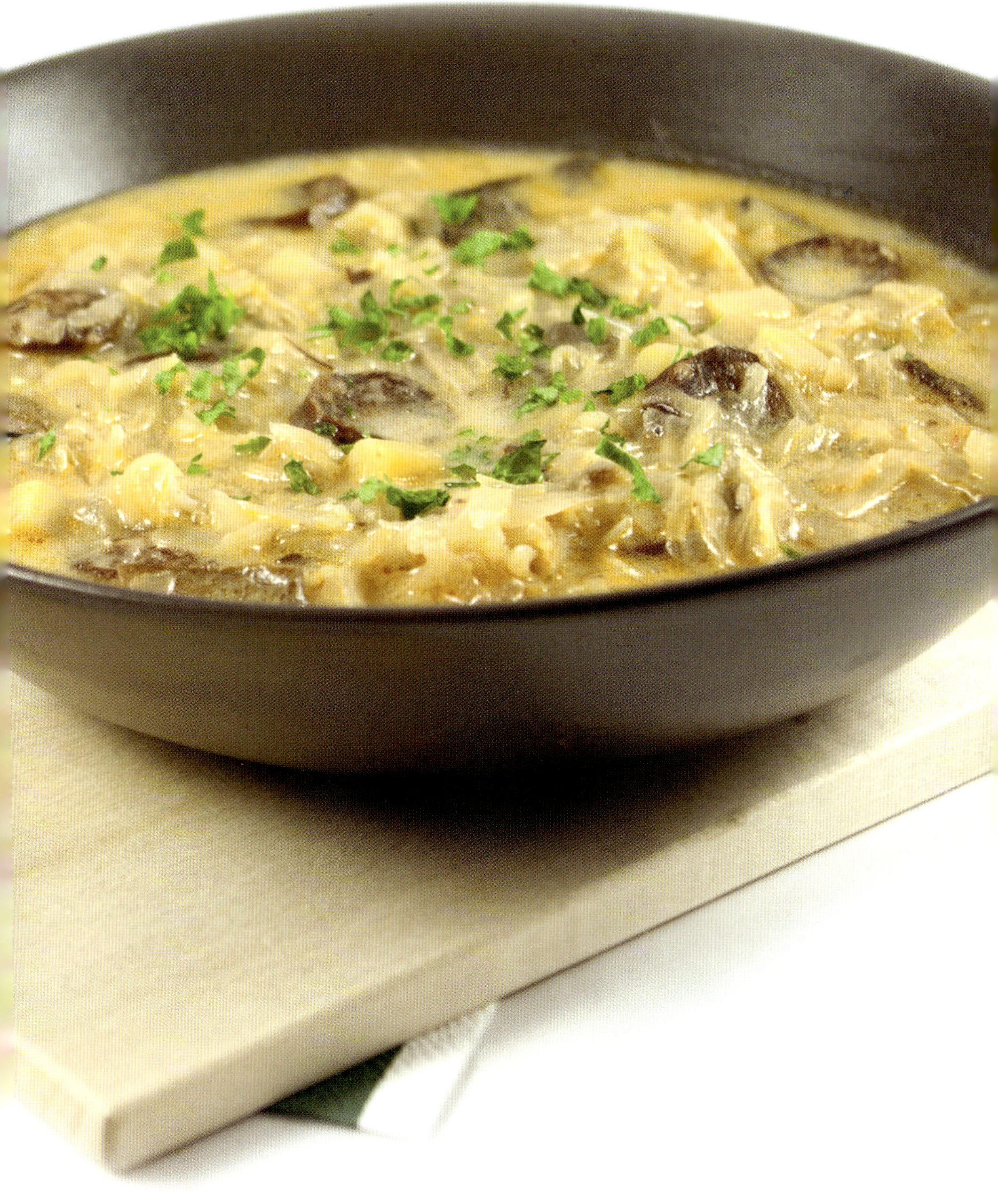

# OMA DORAS KARTOFFELSUPPE

**Zubereitungszeit: 45 Minuten**
**Zutaten für 4 Portionen**

- 400 g Kartoffeln, gewürfelt
- 200 g Sellerie, in kleinen Stücken
- 100 g Porree, in Ringen
- 1 Zwiebel, halbiert
- 1 Knoblauchzehe
- 50 g Möhren, in Stücken
- 20 g Olivenöl
- 800 g Gemüsebrühe
- 100 g Cremefine
- Salz nach Belieben
- Pfeffer nach Belieben
- Muskat nach Belieben

**1.** Als Erstes wäschst und schälst du die Kartoffeln und schneidest sie in grobe Stücke. Dann entfernst du den grünen Strunk der Sellerieknolle, schälst sie und schneidest sie ebenfalls klein. Putze den Porree und schneide ihn in Ringe. Alle Gemüsesorten zerkleinerst du im Mixtopf 3 Sekunden/ Stufe 4 und stellst sie dann zunächst in einer Schüssel beiseite.

**2.** Nun schälst und halbierst du Zwiebel und Knoblauchzehe und gibst sie in den Mixtopf. Dann schälst du die Möhre, schneidest sie klein und gibst sie dazu. Zerkleinere alles 5 Sekunden/ Stufe 5 und schieb die Stückchen danach mit dem Spatel auf den Boden des Mixtopfs.

**3.** Jetzt gießt du das Öl an und dünstest die Zwiebel-Möhren-Mischung 3 Minuten/ Varoma/ Stufe 1. Gib danach die bereitgestellte Gemüsemischung und die Brühe dazu und koche die Suppe 25 Minuten/ 100°C/ Stufe 1.

**4.** Anschließend verfeinerst du die Kartoffelsuppe noch mit Cremefine und den Gewürzen und verrührst sie noch einmal 15 Sekunden/ Stufe 4. Püriere sie zum Abschluss 30 Sekunden/ Stufe 6, damit sie schön cremig wird.

**mixtipp**
Wenn du möchtest, kannst du noch kleingeschnittenen Räucherlachs oder Würstchen dazugeben.

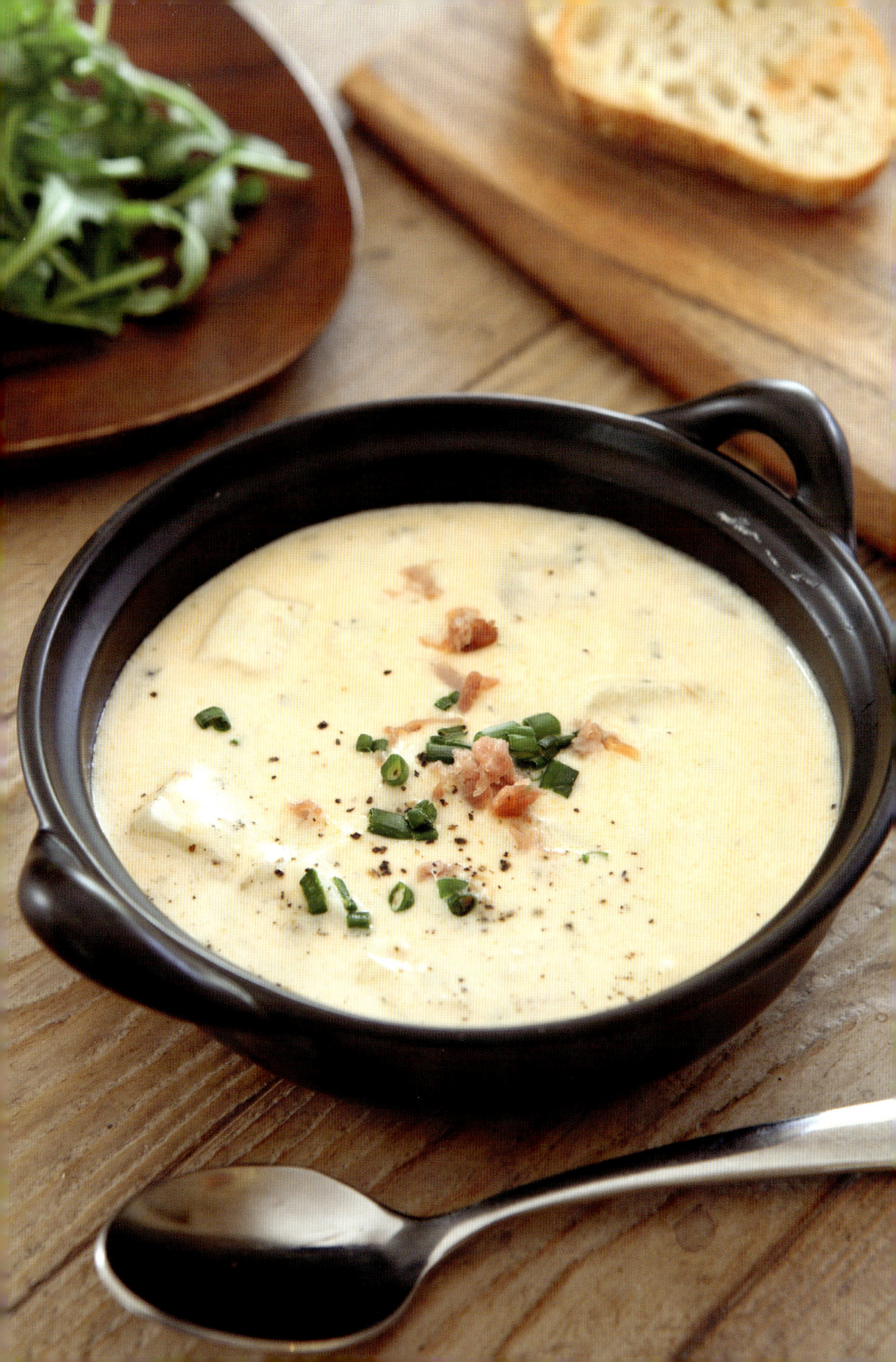

# KUKURUZSUPPE

4 Portionen | 15 Min. | leicht

**Zubereitungszeit: 15 Minuten**
**Zutaten für 4 Portionen**

| |
|---|
| 1 Zwiebel, halbiert |
| 1 Knoblauchzehe |
| 10 g Öl |
| 750 g Mais (Dose) |
| 800 g Gemüsebrühe |
| Sahne nach Belieben |
| 5 g Salz |
| 5 g Pfeffer |
| 10 g Curry |

1. Als Erstes schälst und halbierst du Zwiebel und Knoblauch. Zerkleinere sie dann im Mixtopf 5 Sekunden/ Stufe 5. Anschließend schiebst du sie mit dem Spatel nach unten.

2. Nun gießt du das Öl dazu und dünstest die Zwiebelmischung darin 3 Minuten/ 100°C/ Stufe 2.

3. Als Nächstes gibst du den Mais in ein Sieb und lässt die Flüssigkeit ablaufen. Gib ihn auf die Zwiebelstückchen und dünste alles 3 Minuten/ 100°C/ Linkslauf/ Stufe 1.

4. Jetzt kannst die Gemüsebrühe und die Sahne angießen und die Suppe ganz nach deinem Geschmack mit Salz, Pfeffer und Curry würzen. Lass sie danach 5 Minuten/ 100°C/ Linkslauf/ Stufe 1 kochen.

5. Zum Abschluss pürierst du die Maissuppe 20 Sekunden/ Stufe 8 und schmeckst sie ab.

**mixtipp**
Behalte einige Maiskörner zur Dekoration. Schwitze den Mais mit etwas Butter, Salz und Curry an und verteile die Körner auf die Suppenteller.

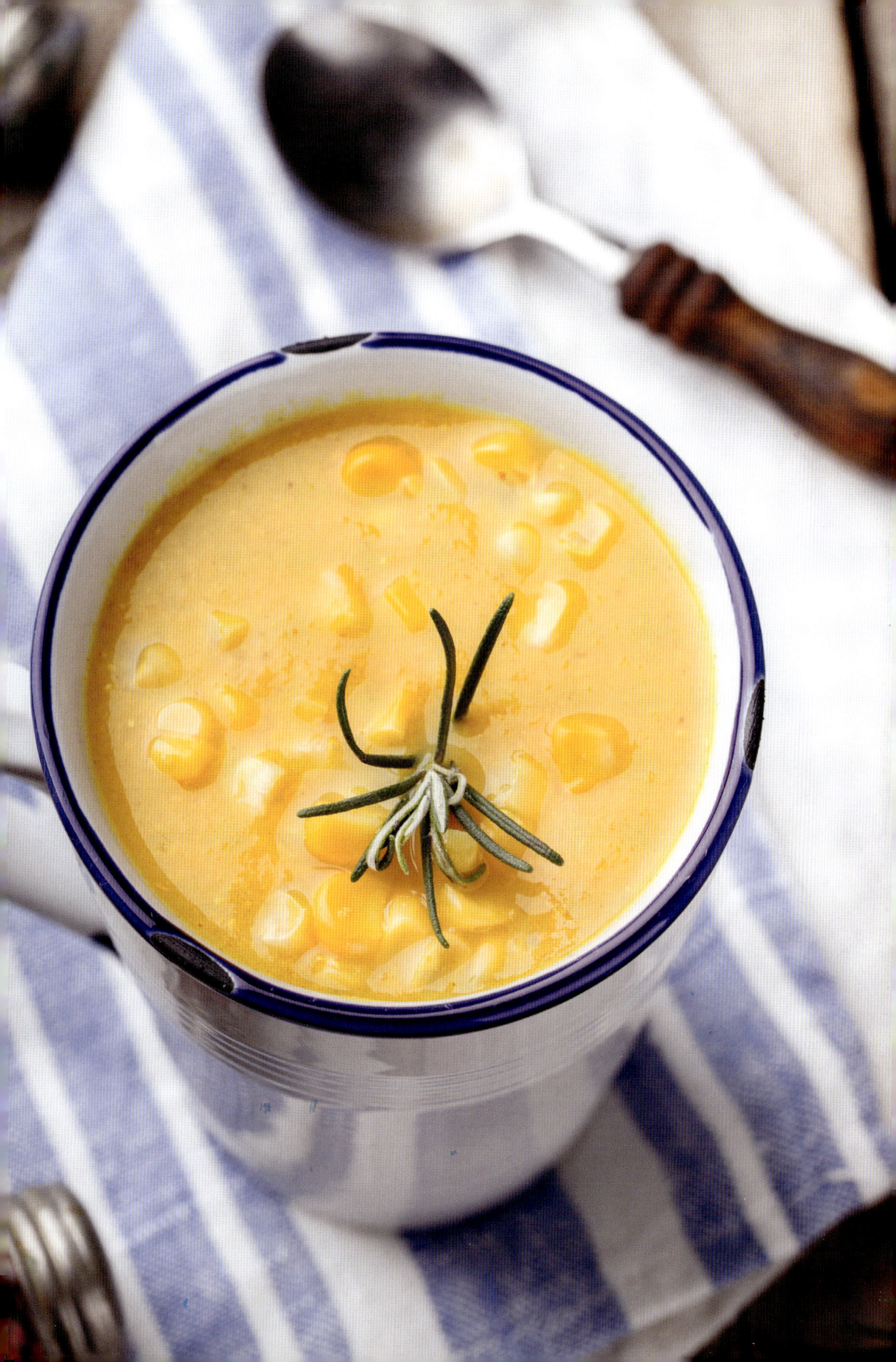

# RHEINISCHE BOHNENSUPPE

6-8 Portionen | 1h 30 Min. | mittel

**Zubereitungszeit:**
**1 Stunde 30 Minuten**
**Zutaten für 6-8 Portionen**

| |
|---|
| 750 g dicke Rippe |
| 2000 g Salzwasser |
| 1 Gemüsezwiebel, halbiert |
| 20 g Sonnenblumenöl |
| 750 g Fleischbrühe |
| 500 g Kartoffeln, in Stücken |
| 800 g grüne Bohnen, tiefgekühlt |
| 10 Stängel Bohnenkraut |
| 10 g Kräuteressig |
| 1,5 TL Zucker |
| 1 TL Salz |
| ½ TL schwarzer Pfeffer, frisch gemahlen |

**1.** Zuerst musst du die Rippe in 4 gleiche Stücke teilen und in einem separaten Topf mit dem Salzwasser aufkochen lassen. Sobald das Wasser sprudelnd kocht, stellst du die Flamme kleiner und lässt das Fleisch weitere 45 Minuten abgedeckt köcheln.

**2.** In der Zwischenzeit gibst du die Zwiebel in den Mixtopf, zerkleinerst sie 5 Sekunden/ Stufe 5 und schiebst sie mit dem Spatel nach unten. Dann fügst du das Öl hinzu und schmorst sie 2 Minuten/ 90°C/ Stufe 2 an.

**3.** Anschließend füllst du die Brühe in den Mixtopf, gibst die geschälten, in grobe Stücke geschnittenen Kartoffeln und die Bohnen dazu und lässt alles 25 Minuten/ 90°C/ Stufe 2 kochen.

**4.** In der Zwischenzeit nimmst du das Fleisch aus der Brühe und schneidest es in kleine Würfel. Die Fleischwürfel gibst du dann in den Mixtopf und lässt sie mit der Suppe weitere 5 Minuten/ 90°C/ Linkslauf/ Stufe 2 kochen.

**5.** Zum Schluss zupfst du die Blättchen vom Bohnenkraut und zerkleinerst sie grob. Würze die Suppe mit Essig, Zucker, Salz und Pfeffer, gib das Bohnenkraut hinein und vermische sie noch einmal 10 Sekunden/ Linkslauf/ Stufe 3.

**mixtipp**
Wer die Suppe noch würziger mag, nimmt anstelle der Dicken Rippe Mettwurst oder Cabanossi.

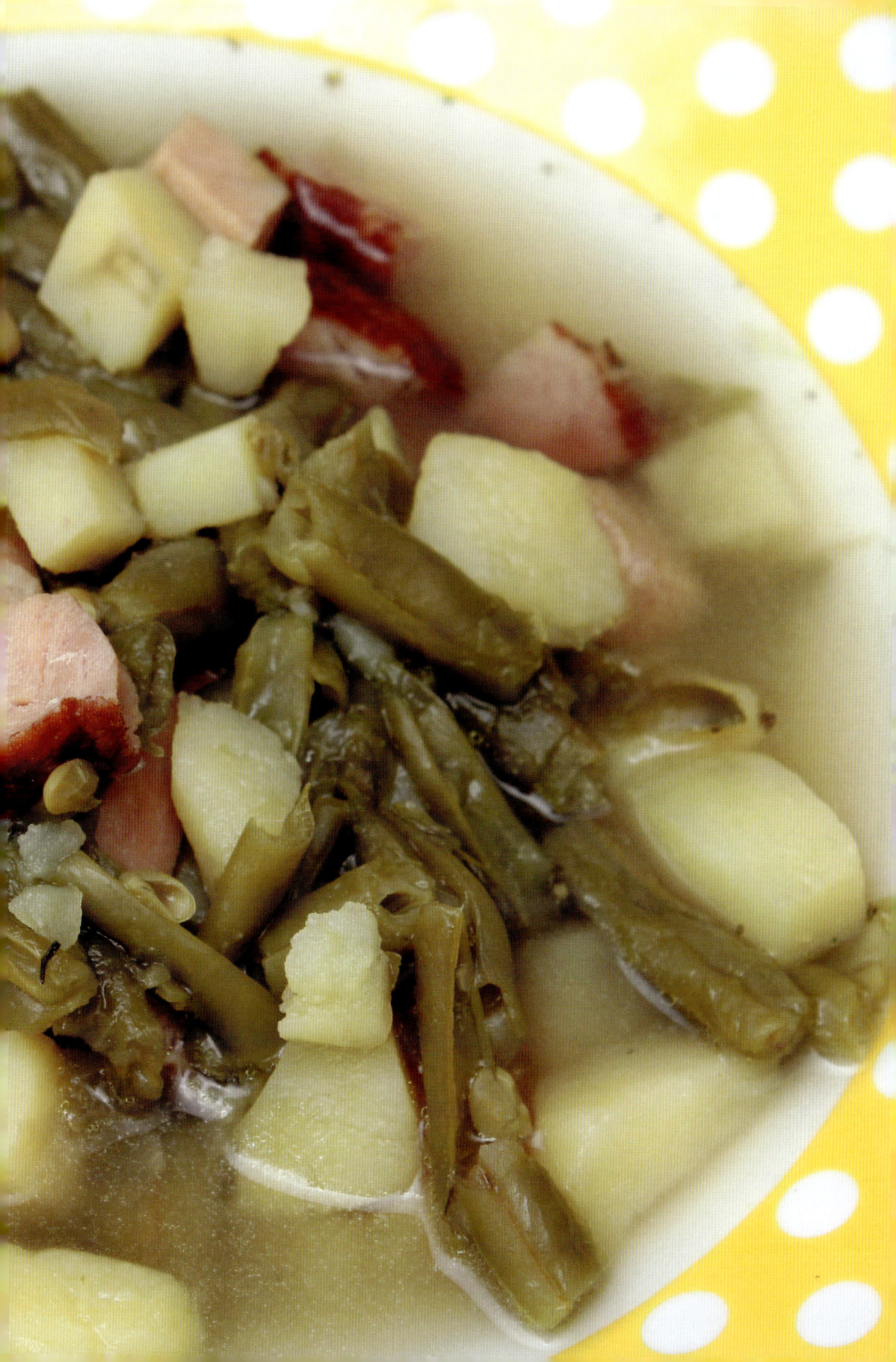

# KOHLRABI-APFEL-SUPPE

4 Portionen | 30 Min. | leicht

**Zubereitungszeit: 30 Minuten**
**Zutaten für 4 Portionen**

700 g Kohlrabi, in Stücken

100 g säuerlicher Apfel, z. B Cox Orange, geviertelt

800 g Gemüsebrühe

200 g Kochsahne

1 TL Kräutersalz

½ TL Thymian

½ TL Pfeffer, weiß

Kerbelblätter zum Dekorieren

**1.** Zunächst wäschst du den Kohlrabi, schälst ihn und schneidest ihn in kleine Stücke. Dann wäschst und schälst du den Apfel, viertelst und entkernst ihn.

**2.** Nun kannst du die Gemüsebrühe in den Mixtopf geben und den Kohlrabi und die Apfelstücke in den Varoma legen. Dämpfe alles darin 20 Minuten/ Varoma/ Stufe 2.

**3.** Anschließend nimmst du den Varoma ab und gibst den Kohlrabi und den Apfel in die Brühe. Gib sämtliche Gewürze und die Sahne hinzu und lasse die Suppe noch einmal 5 Minuten/ 80°C/ Stufe 2 köcheln. Anschließend pürierst du die Suppe in Stufen von Stufe 3 bis Stufe 10, indem du im Zwei-Sekunden-Takt die Stufen erhöhst und schließlich 10 Sekunden auf Stufe 10 verweilst.

**4.** Zum Servieren bestreust du die Suppe mit den Kerbelblättern.

---

**mixtipp**
Lust auf eine außergewöhnliche Suppenfarbe? Benutze blauen Kohlrabi.

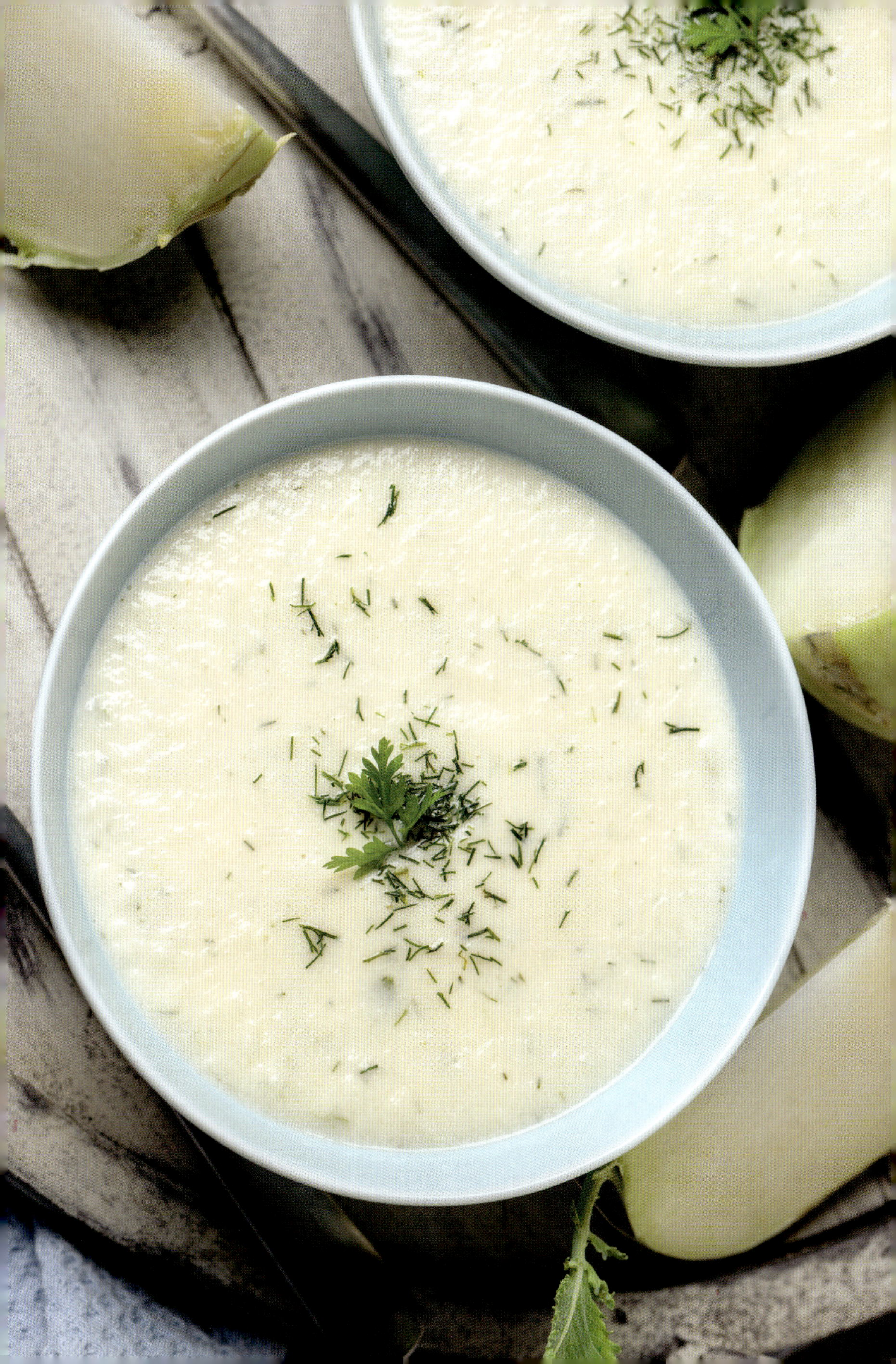

# SCHWARZWURZELSUPPE

4 Portionen | 20 Min. | leicht

**Zubereitungszeit: 20 Minuten**
**Zutaten für 4 Portionen**

| |
|---|
| 2 Schalotten, halbiert |
| 20 g Rapsöl |
| 1000 g Schwarzwurzeln (Glas oder Dose), in Stücken |
| 150 g Geflügelbrühe |
| 500 g Milch |
| 10 g Zitronensaft |
| 1 TL Salz |
| ½ TL Pfeffer, weiß |
| ½ TL Zimt |
| 100 g Creme légère |

**1.** Gib zunächst die geschälten, halbierten Schalotten in den Mixtopf und zerkleinere sie 5 Sekunden/ Stufe 5. Schiebe mit dem Spatel die Reste hinunter und gib das Öl dazu. Nun schwitzt du die Schalotten 2 Minuten/ 90°C/ Stufe 2 an.

**2.** Gib jetzt die Schwarzwurzelstücke (abgetropft) hinzu und lasse diese ebenfalls 2 Minuten/ 90°C/ Stufe 2 anschwitzen.

**3.** Füll als Nächstes die Brühe und die Milch in den Mixtopf und lasse alles 10 Minuten/ Varoma/ Stufe 2 köcheln.

**4.** Anschließend verfeinerst du die Suppe mit dem Zitronensaft und den Gewürzen und pürierst alles noch einmal 20 Sekunden/ Stufe 10. Zum Schluss gibst du noch die Creme légère hinzu, indem du diese 10 Sekunden/ Stufe 3 mit der Suppe vermengst.

**mixtipp**
Du kannst natürlich auch frische Schwarzwurzeln nehmen, dann musst du jedoch die Kochzeit in der Brühe um 10 Minuten erhöhen.

**mixtipp**

Für eine pikante Geschmacksvariation gibst du einfach ein wenig Kümmel in die Suppe.

# LEBERKNÖDELSUPPE

4 Portionen | 1h 40 Min. | mittel

**Zubereitungszeit: 40 Minuten**
**Ziehzeit: 1 Stunde**
**Zutaten für 4 Portionen**

**Für die Knödel:**

| |
|---|
| 3 altbackene Brötchen |
| 125 g Milch |
| 400 g Rinderleber |
| 150 g Speck |
| 1 Bund glatte Petersilie, frisch |
| 2 Eigelbe |
| 1 Ei |
| 30 g Butter |
| 10 g Semmelbrösel |
| 5 g Salz |
| 1 TL Majoran, getrocknet |
| ½ TL Muskat, gemahlen |
| ½ TL Pfeffer, weiß |
| 1 TL Thymian, getrocknet |

**Für die Brühe:**
**Rezept siehe Seite 9**

1. Als Erstes gibst du die Brötchen in den Mixtopf und zerkleinerst sie 8 Sekunden/ Stufe 8. Fülle die Brötchenbrösel in eine Schüssel und gib die Milch zum Einweichen der Brösel darüber. Die Masse sollte mindestens 20 Minuten gut durchziehen.

2. Gib nun die kleingeschnittene Leber zusammen mit dem ebenfalls kleingeschnittenen Speck in den Mixtopf und zerkleinere das Fleisch 50 Sekunden/ Stufe 8.

3. Rupf die Hälfte der Petersilienblätter ab und gib diese zusammen mit der Semmelbrösel-Mischung und den übrigen Zutaten zum Fleischpüree im Mixtopf und vermenge alles sorgfältig. Dabei wählst du zunächst Stufe 3 und arbeitest dich dann Schritt für Schritt alle 5 Sekunden eine Stufe weiter, bis du zuletzt alles mindestens 15 Sekunden/ Stufe 10 gemixt hast.

4. Gib die Knödelmasse nun für mindestens eine Stunde zum Ruhen in den Kühlschrank.
Danach kannst du aus dem Teig die Knödel formen. Wenn du den Eindruck hast, dass deine Knödelmasse zu feucht geraten ist, füge noch etwas Paniermehl hinzu. Klebt der Teig nicht gut genug, kannst du noch ein weiteres Eigelb dazugeben.

5. Die geformten Knödel gibst du in eine heiße, nicht kochende Fleischbrühe (siehe Grundrezepte, S. 9) und lässt sie dort 20 Minuten ziehen. Zerkleinere nun die übrig gebliebenen Petersilienblätter und gib sie kurz vor dem Servieren noch dazu.

## mixtipp

Wer es noch etwas verfeinern möchte, gibt noch 100 g Karotten und 50 g Sellerie, fein geschnitten, hinzu.

# MÖHREN-ORANGEN-SUPPE

4 Portionen | 35 Min. | leicht

**Zubereitungszeit: 35 Minuten**
**Zutaten für 4 Portionen**

- 1 Knoblauchzehe
- 1 Stange Lauch
- 800 g Möhren, in Stücken
- 200 g Kartoffeln, festkochend
- 20 g Rapsöl
- 10 g Butter
- 500 g Gemüsebrühe
- 200 g Orangensaft
- 100 g Milch
- 8 rohe Garnelen
- Salz nach Belieben
- Pfeffer nach Belieben

1. Als Erstes zerkleinerst du den geschälten Knoblauch im Mixtopf 5 Sekunden/ Stufe 5 und stellst ihn dann beiseite.

2. Nun wäschst du den Lauch und schneidest ihn in Ringe. Anschließend schälst du die Möhren und die Kartoffeln und schneidest sie in grobe Stücke. Gib das Gemüse in den Mixtopf, zerkleinere es 8 Sekunden/ Stufe 6 und schieb es mit dem Spatel nach unten.

3. Gib dann Rapsöl und Butter dazu und dünste alle 5 Minuten/ Varoma/ Stufe 1 an. Danach gießt du die Gemüsebrühe dazu und kochst die Suppe 20 Minuten/ 100°C/ Stufe 1.

4. Füge jetzt Orangensaft und Milch hinzu. Anschließend pürierst du die Suppe 20 Sekunden/ Stufe 8 und erhitzt sie noch einmal 2 Minuten/ 100°C/ Stufe 1.

5. Brate nun die Garnelen mit dem Knoblauch 2 Minuten in einer Pfanne an.

6. Zum Schuss schmeckst du deine Suppe mit Salz und Pfeffer ab und servierst sie. Dabei verteilst du die Garnelen gleichmäßig auf die Teller.

**mixtipp**
Anstelle der Garnelen kann man die Suppe auch mit Fischfilet oder angebratener Blutwurst (sehr pikant!) servieren.

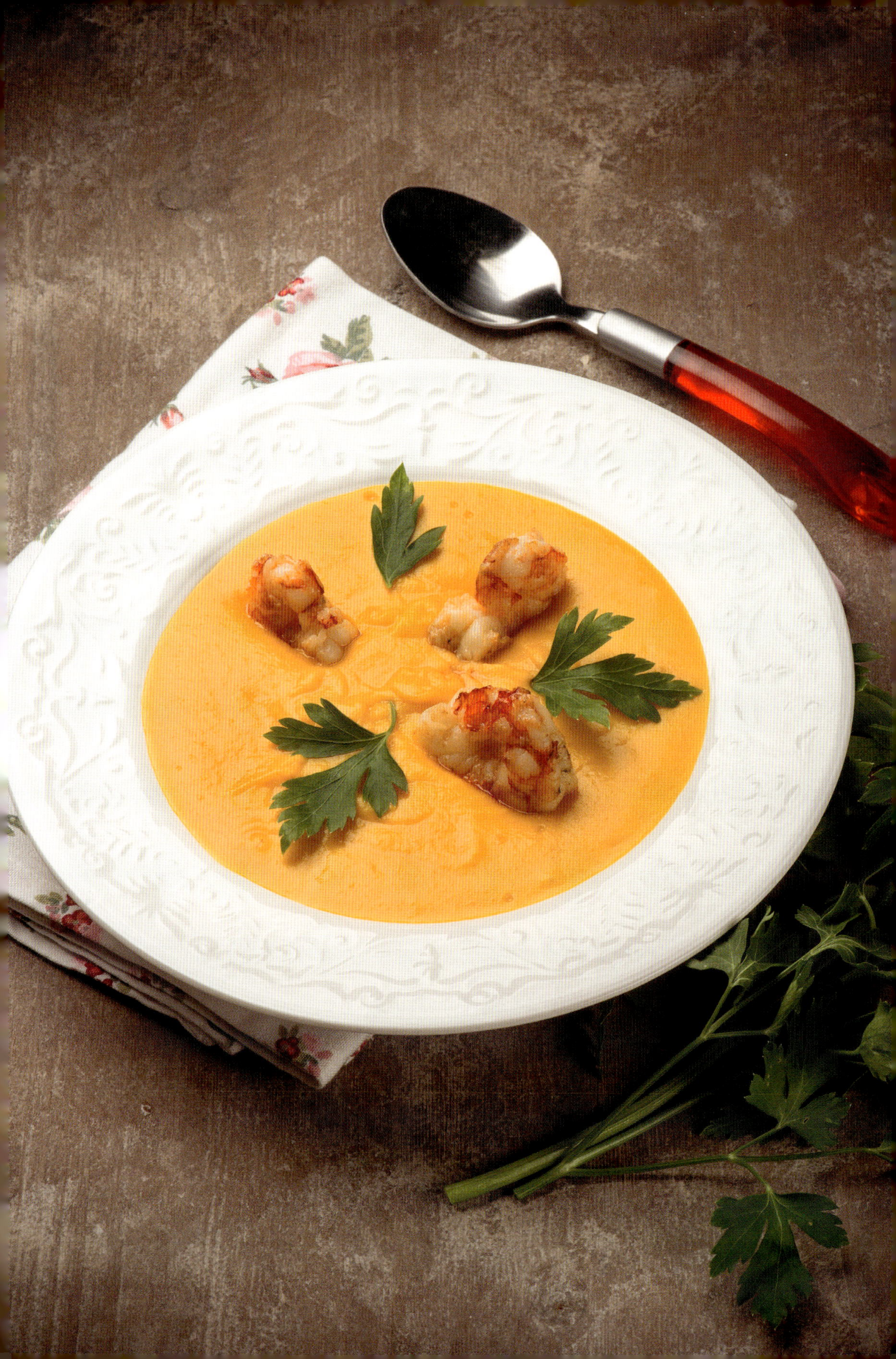

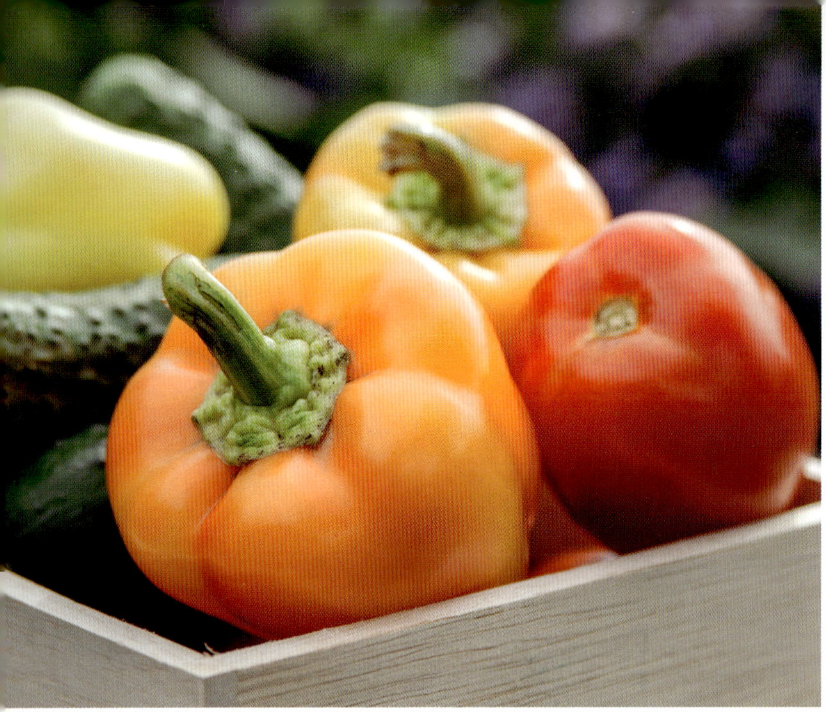
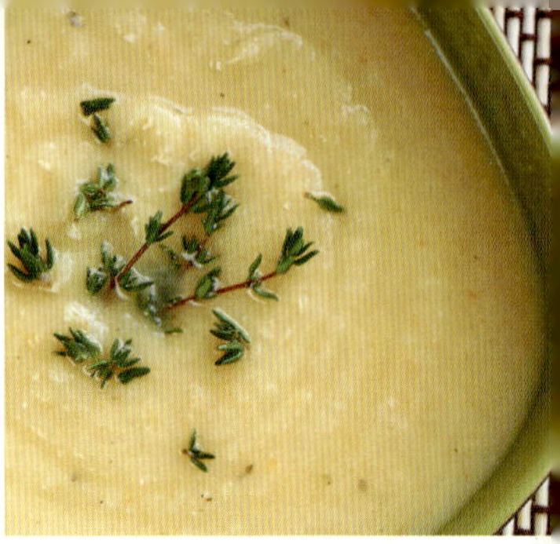
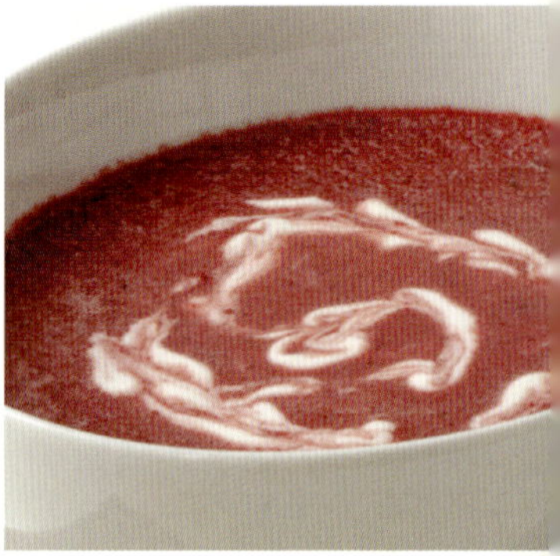
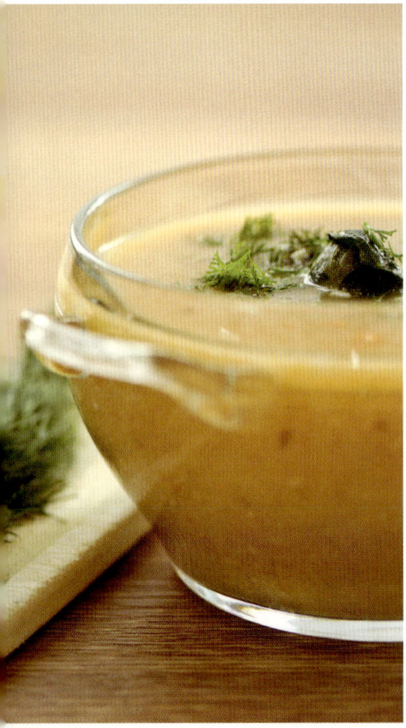
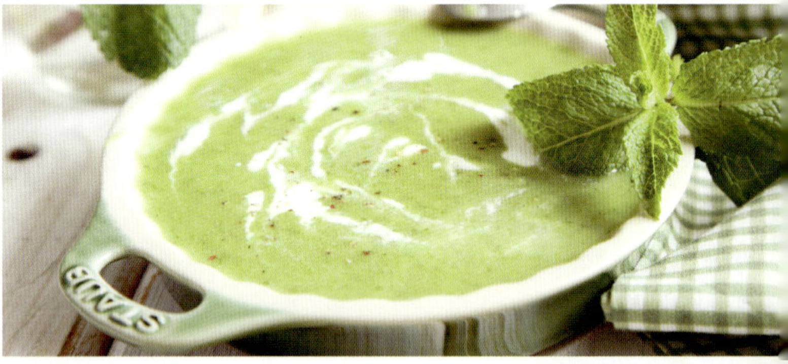
STAUB
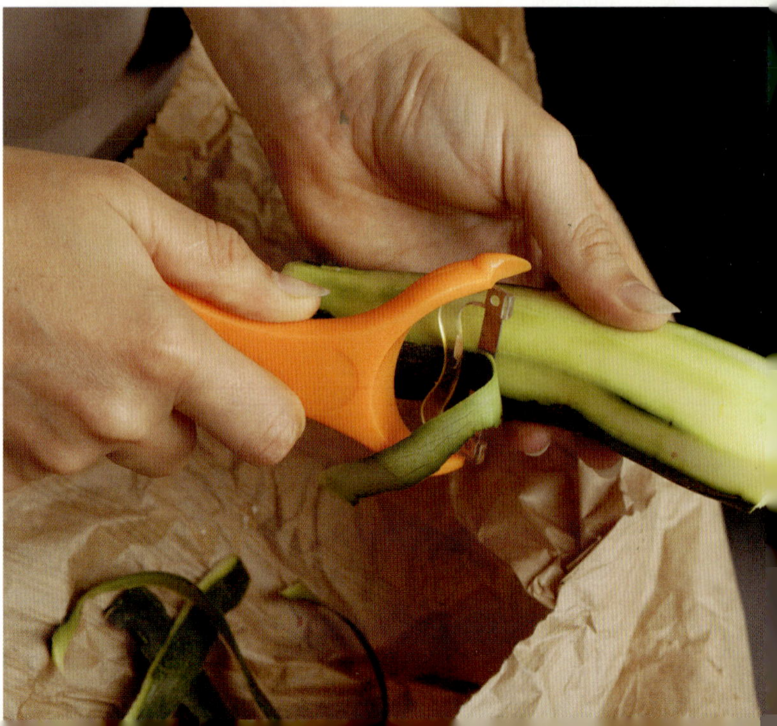
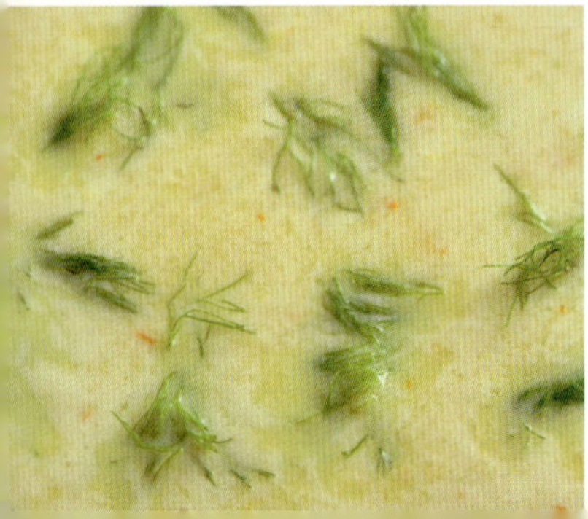

# VEGETARISCHE SUPPEN

## VEGETARISCHE SUPPEN

4 Portionen | 25 Min. | leicht

# MARONENSUPPE

**Zubereitungszeit: 25 Minuten**
**Zutaten für 4 Portionen**

| |
|---|
| 1 Bund Petersilie, ohne Stiele |
| 1 Zwiebel, halbiert |
| 25 g Butter |
| 400 g Maronen |
| 25 g brauner Zucker |
| 1000 g Gemüsebrühe |
| 2 Messerspitzen Cayennepfeffer |
| 5 g Zimt |
| Salz nach Belieben |
| Pfeffer nach Belieben |
| 250 g Sahne |

1. Zerkleinere zunächst die Petersilie im Mixtopf 5 Sekunden/ Stufe 8 und stelle sie dann beiseite.

2. Nun zerkleinerst du die Zwiebel 5 Sekunden/ Stufe 5 im Mixtopf und dünstest sie danach 2 Minuten/Varoma/ Stufe 1 in der Butter an. Gib danach die Maronen und den Zucker hinzu und dünste sie 3 Minuten/ 100°C/ Stufe 1 mit an.

3. Anschließend fügst du alle Zutaten bis auf Sahne und Petersilie hinzu und lässt die Mischung 20 Minuten/ 100°C/ Stufe 1 kochen.

4. Püriere nun die Suppe 30 Sekunden/ Stufe 7. Danach gießt du die Sahne dazu und kochst die Cremesuppe noch einmal 3 Minuten/ 100°C/ Stufe 3.

5. Zum Servieren verteilst du die Suppe auf tiefe Teller und garnierst sie mit der gehackten Petersilie.

**mixtipp**
Edelkastanien sind sehr eiweißreich und frei von Gluten.

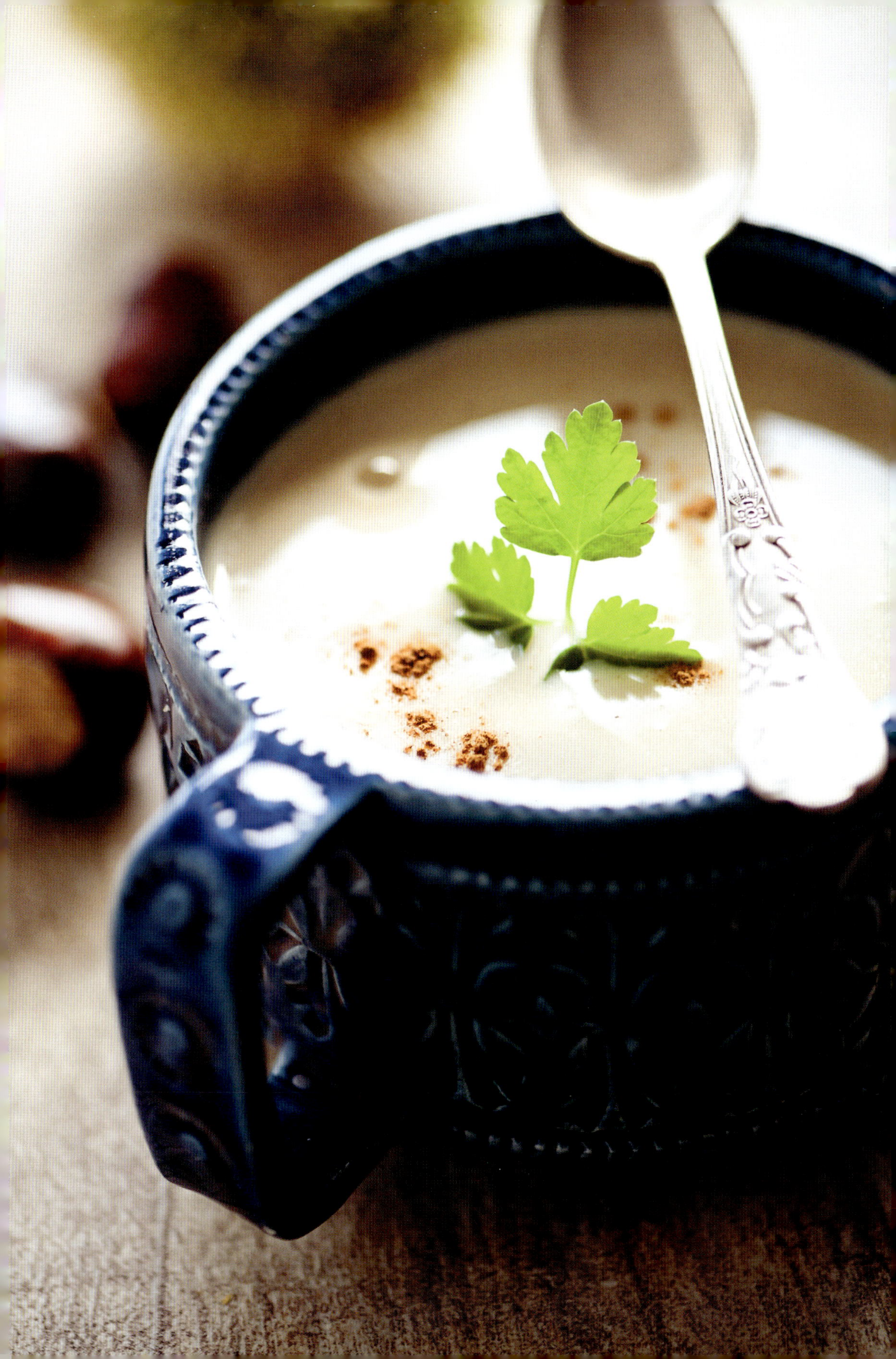

## VEGETARISCHE SUPPEN

# KARTOFFELSUPPE MIT PARMESAN

6 Portionen | 25 Min. | leicht

**Zubereitungszeit: 25 Minuten**
**Zutaten für 6 Portionen**

200 g Parmesan, in Stücken

1 Zwiebel, halbiert

1 Knoblauchzehe

20 g Olivenöl

380 g Kartoffeln, in Stücken

1000 g Gemüsebrühe

5 g Salz

1 Prise Pfeffer

100 g Crème Fraîche

20 g Zitronensaft

1 TL Rosmarin

1 Prise Muskat

**1.** Zerkleinere den Hartkäse 10 Sekunden/ Stufe 7 im Mixtopf und stell ihn in einer Schüssel beiseite.

**2.** Anschließend zerkleinerst du die Zwiebel und den Knoblauch 5 Sekunden/ Stufe 5, schiebst die Stückchen mit dem Spatel nach unten und dünstest sie im Öl 2 Minuten/ Varoma/ Stufe 1 an.

**3.** In der Zwischenzeit schälst du die Kartoffeln und schneidest sie in grobe Stücke. Fülle sie danach in den Mixtopf und zerkleinere sie 3 Sekunden/ Stufe 6. Dann gießt du die Mischung mit Gemüsebrühe auf, würzt sie mit Salz und Pfeffer und kochst sie 20 Minuten/ 100°C/ Stufe 1. Püriere sie im Anschluss 20 Sekunden/ Stufe 7.

**4.** Abschließend gibst du den Parmesan, Crème Fraîche, Zitronensaft, Muskat und Rosmarin hinzu und erwärmst die Suppe erneut 2 Minuten/ 90°C/ Stufe 3.

**mixtipp**
Wusstest du, dass die Stärke einer einzigen Kartoffel ausreicht, um eine Suppe zu binden?

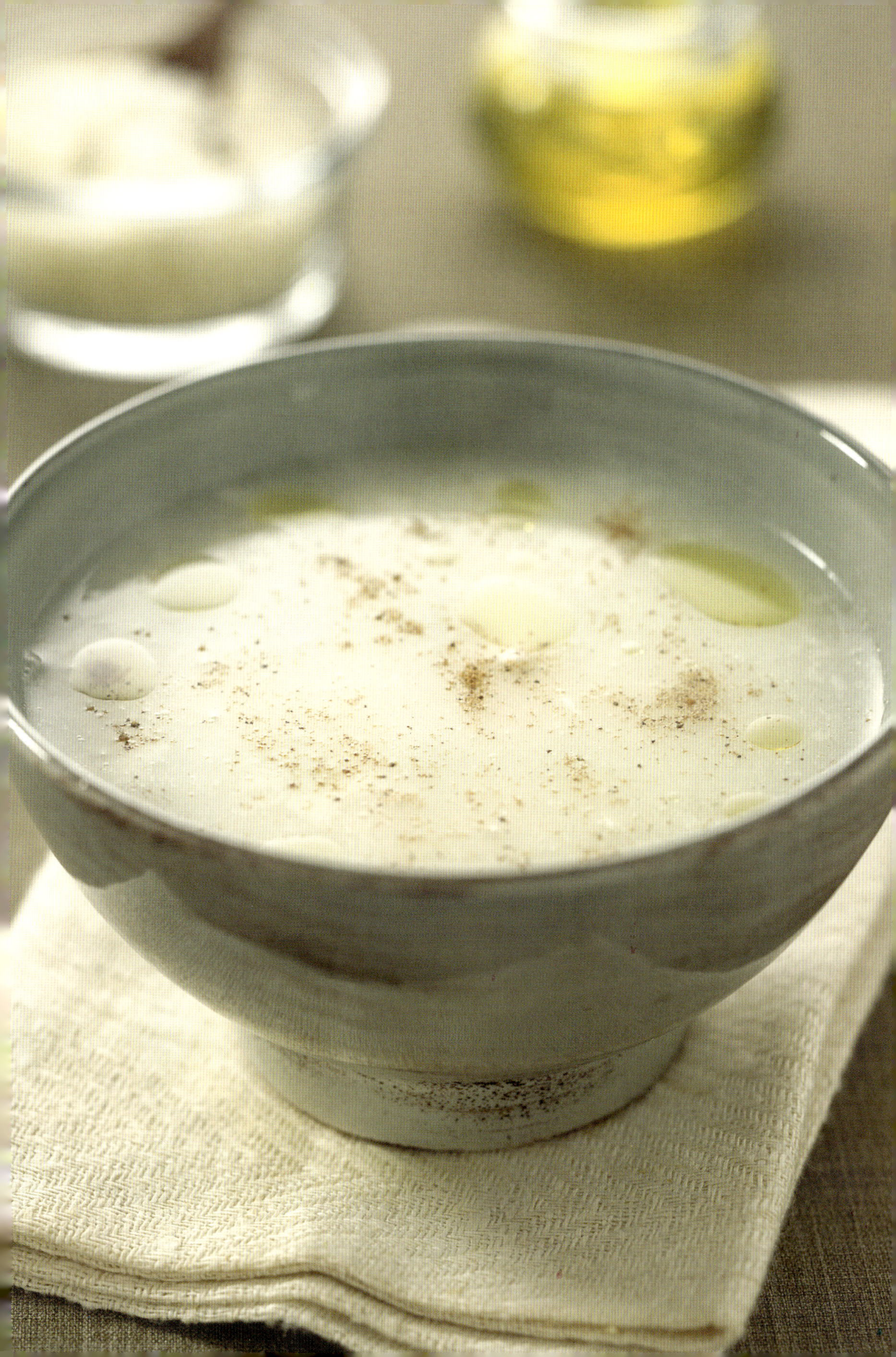

# SELLERIESUPPE MIT BIRNEN UND GORGONZOLA

4 Portionen | 25 Min. | leicht

**Zubereitungszeit: 25 Minuten**
**Zutaten für 4 Portionen**

| |
|---|
| 1 Knollensellerie |
| 1 Kartoffel, in Stücken |
| 2 reife Birnen |
| 100 g Zwiebeln, halbiert |
| 1 Zitronen, ausgepresst |
| Salz nach Belieben |
| 750 g Brühe |
| 125 g Sahne |
| 1 Prise Pfeffer |
| 125 g Gorgonzola |
| 4 EL Preiselbeerkompott |

**1.** Als Erstes putzt und schälst du die Sellerieknolle und die Kartoffeln. Schneide sie in grobe Stücke. Entferne dann das Kerngehäuse der Birnen und schneide sie ebenfalls in grobe Stücke. Stell die Hälfte der Birnen beiseite, beträufele sie aber vorher noch mit Zitronensaft.

**2.** Die geschälte und halbierte Zwiebel und die Sellerie-, Kartoffel- und Birnenstückchen zerkleinerst du anschließend im Mixtopf 10 Sekunden/ Stufe 5.

**3.** Füll die Mischung mit der Brühe auf und gib etwas Salz hinzu. Dann kochst du die Suppe 20 Minuten/ 100°C/ Stufe 2. Anschließend gießt du die Sahne hinzu und kochst die Suppe weitere 2 Minuten/ 90°C/ Stufe 2. Schmeck die Mischung mit Salz und Pfeffer ab.

**4.** Als Nächstes hebst du die restlichen Birnenstückchen mit Zitronensaft unter die Suppe. Entrinde den Käse, würfle ihn und garniere damit die in Suppenteller abgefüllte Suppe. Außerdem gibst du auf jeden Teller einen Esslöffel Preiselbeerkompott.

## mix*tipp*

Der griechische Dichter Homer bezeichnete die Birne als ein Geschenk der Götter. Wir finden: Recht hat er!

## VEGETARISCHE SUPPEN

**4 Portionen** | **25 Min.** | **leicht**

# FENCHELSUPPE

**Zubereitungszeit: 25 Minuten**
**Zutaten für 4 Portionen**

4 Schalotten, halbiert

800 g Fenchel

30 g Öl

1000 g Gemüsebrühe

Salz nach Belieben

Pfeffer nach Belieben

**1.** Zu Beginn schälst du den Fenchel und schneidest ihn in grobe Stücke. Du hackst das Fenchelgrün klein und stellst es zunächst beiseite. Schneide die Knollen in Viertel. Die Schalotten schälst und halbierst du.

**2.** Zerkleinere den Fenchel nun zusammen mit den Schalotten 5 Sekunden/ Stufe 5 im Mixtopf. Schiebe die Stücke mithilfe des Spatels nach unten. Dann dünstest du die Fenchel-Mischung im Öl 3 Minuten/ Varoma/ Stufe 1 an.

**3.** Jetzt gießt du die Gemüsebrühe dazu und würzt die Mischung mit Salz und Pfeffer. Koch die Suppe anschließend 15 Minuten/ 100°C/ Stufe 2 fertig.

**4.** Zum Schluss pürierst du die Suppe noch 20 Sekunden, wobei du nach und nach von Stufe 4 auf Stufe 8 hochschaltest. Füll die Suppe zum Servieren in tiefe Teller und garniere sie mit dem Fenchelgrün.

**mixtipp**
Fenchel ist ein wahres Superfood! Er wirkt antibakteriell, entkrampfend und hilft bei Erkältungen.

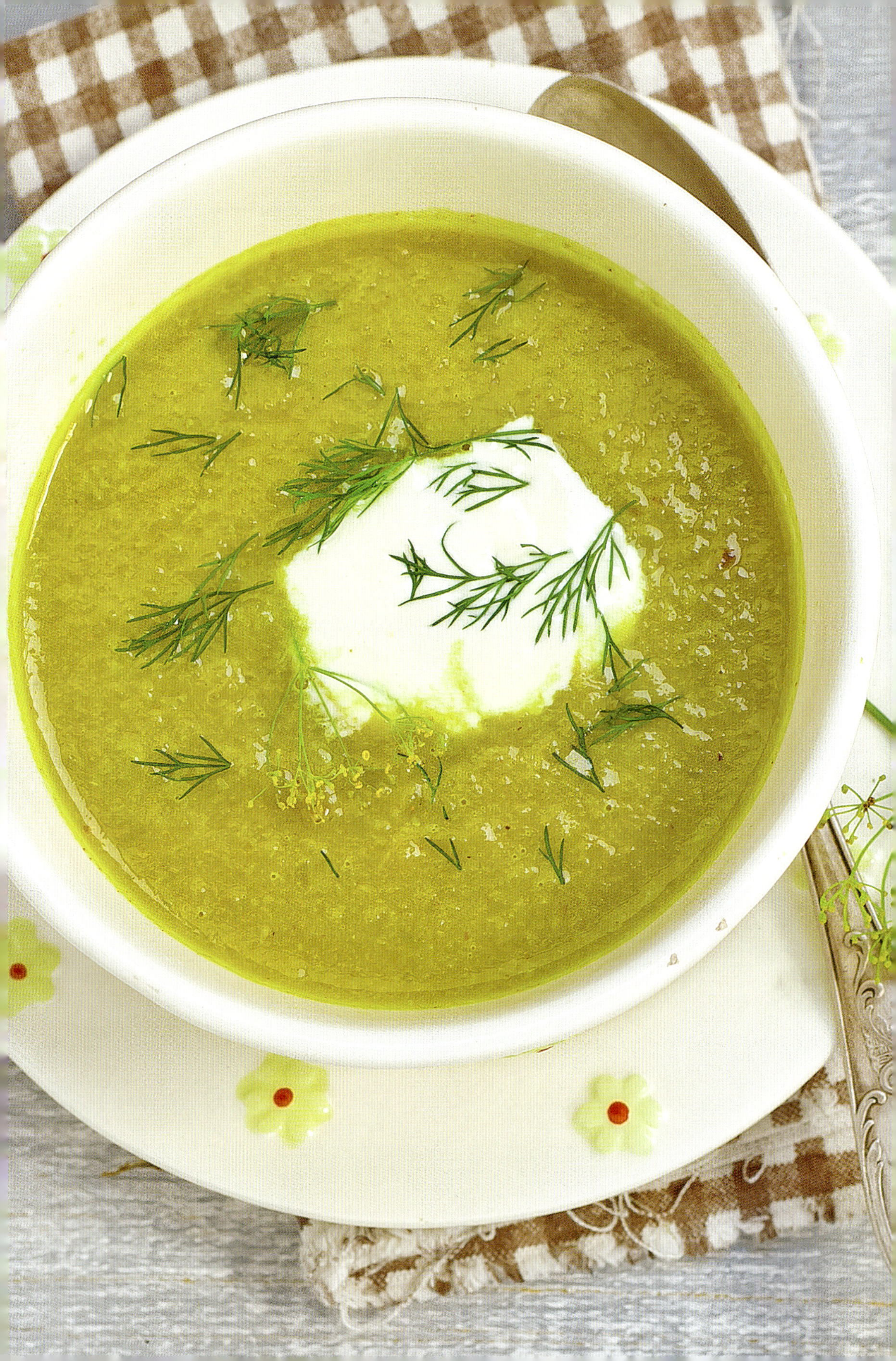

## VEGETARISCHE SUPPEN

# ORANGEN-ROTE BETE-SUPPE

4 Portionen | 35 Min. | leicht

**Zubereitungszeit: 35 Minuten**
**Zutaten für 4 Portionen**

1 Zwiebel, halbiert

20 g Butter

300 g rohe Rote Bete, in Stücken

100 g Äpfel, in Stücken

200 g Kartoffeln, in Stücken

300 g Gemüsebrühe

500 g Orangensaft

50 g Sherry

Salz nach Belieben

Pfeffer nach Belieben

Zucker nach Belieben

1 TL Muskat

1 Prise Zimt

1 Prise Cayennepfeffer

Sahne zum Garnieren

Schnittlauch zum Garnieren

1. Als Erstes schälst und halbierst du die Zwiebel und zerkleinerst sie dann 5 Sekunden/ Stufe 5 im Mixtopf. Schieb die Stückchen mit dem Spatel nach unten und dünste sie in der Butter 2 Minuten/ 100°C/ Stufe 1 an.

2. Anschließend schälst du die Rote Bete, die Äpfel und die Kartoffeln und schneidest sie in grobe Stücke. Zerkleinere das Obst und Gemüse 5 Sekunden/ Stufe 5 im Mixtopf. Danach füllst du die Mischung mit der Gemüsebrühe auf und kochst sie 20 Minuten/ 100°C/ Stufe 1.

3. Füge jetzt alle weiteren Zutaten bis auf die Sahne hinzu und koche die Suppe dann erneut 5 Minuten/ 100°C/ Stufe 1.

4. Nun pürierst du die Suppe 30 Sekunden/ Stufe 8, bis sie eine cremige Konsistenz hat. Abschließend verteilst du die fertige Suppe auf Teller und garnierst sie mit je einem Esslöffel Sahne und dem Schnittlauch.

**mixtipp**

Rote Bete sorgt für gute Laune: Der in ihr enthaltene Bestandteil Betain kann den Serotoninspiegel (Glückshormone) steigern.

# BLUMENKOHL-KARTOFFEL-SUPPE

**Zubereitungszeit: 35 Minuten**
**Zutaten für 4 Portionen**

| |
|---|
| 500 g Kartoffeln, in Stücken |
| 1 Karotte, in Stücken |
| 200 g Blumenkohl |
| 1 Zwiebel, halbiert |
| 1 Knoblauchzehe |
| 20 g Butter |
| 2 EL Petersilie, gehackt |
| 2 EL Kresse |
| 1000 g Gemüsebrühe |
| 70 g Sahne |
| 5 g Salz |
| 5 g Pfeffer |
| 1 Prise Muskat |

**1.** Zunächst schälst du die Kartoffeln, die Karotte und den Blumenkohl und schneidest sie in grobe Stücke. Stell sie dann in einer Schüssel beiseite.

**2.** Nun schälst und halbierst du die Zwiebel und den Knoblauch und zerkleinerst sie 5 Sekunden/ Stufe 5 im Mixtopf. Schieb die Stückchen mit dem Spatel nach unten und dünste sie in der Butter 2 Minuten/ Varoma/ Stufe 1 an.

**3.** Die Gemüsestückchen, die Petersilie und die Kresse lässt du anschließend ebenfalls 2 Minuten/ Varoma/ Stufe 2 mit andünsten. Füll die Mischung danach mit der Gemüsebrühe auf und koche alles 14 Minuten/ 100°C/ Stufe 2.

**4.** Reduziere nun die Temperatur und koche die Suppe noch einmal 8 Minuten/ 80°C/ Stufe 2. Anschließend gießt du 500 g der Brühe ab und stellst sie beiseite. Püriere den restlichen Inhalt im Mixtopf 30 Sekunden/ Stufe 6.

**5.** Anschließend füllst du wieder 300 g der Brühe in die cremige Suppe und verfeinerst sie abschließend mit Sahne, Salz, Pfeffer und Muskat. Verrühre alles ein letztes Mal 1 Minute/ Stufe 3.

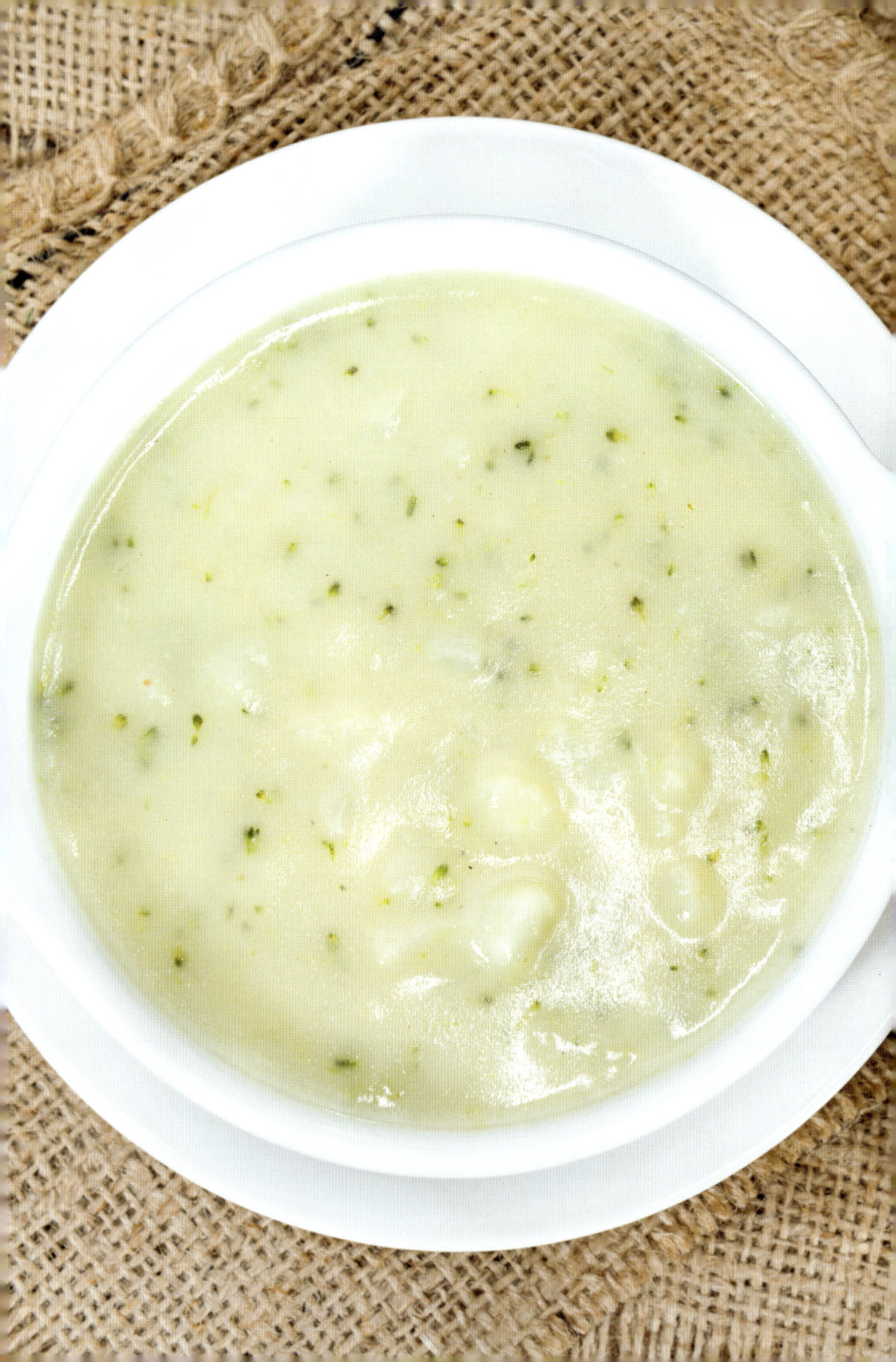

## VEGETARISCHE SUPPEN

4 Portionen | 30 Min. | leicht

# ROTE BETE-CONSOMMÉ

**Zubereitungszeit: 30 Minuten**
**Zutaten für 4 Portionen**

400 g Kalbsfond

600 g Rote Bete-Saft

Salz nach Belieben

Pfeffer nach Belieben

200 g vorgekochte Rote Bete

½ Bund Schnittlauch, in Röllchen

100 g Crème fraîche

2-3 TL Meerrettich

Salz nach Belieben

4 Scheiben Nussbrot

**1.** Erhitze den Fond im Mixtopf 4 Minuten/ 100°C/ Stufe 2. Lass ihn anschließend bei 60°C/ Stufe 2 auf die Hälfte der Menge einkochen.

**2.** Jetzt gibst du den Rote Bete-Saft hinzu und erhitzt die Mischung 5 Minuten/ 60°C/ Stufe 1. Schmeck sie danach mit Salz und Pfeffer ab.

**3.** Nun schneidest du die Rote Bete in Scheiben und zerkleinerst die Scheiben dann noch einmal. Gib sie in die Suppe und erhitze sie 5 Minuten/ 60°C/ Stufe 1.

**4.** Verfeinere die Suppe jetzt mit den Schnittlauchröllchen und füll sie in Suppenteller.

**5.** Den Meerrettich verrührst du zum Schluss in einer kleinen Schüssel mit Crème fraîche und Salz und reichst den Dip zusammen mit dem Nussbrot zur Suppe.

**mixtipp**
Dies ist die ideale Suppe zu Beginn eines großen Festessens.

LIEBLINGSSUPPEN

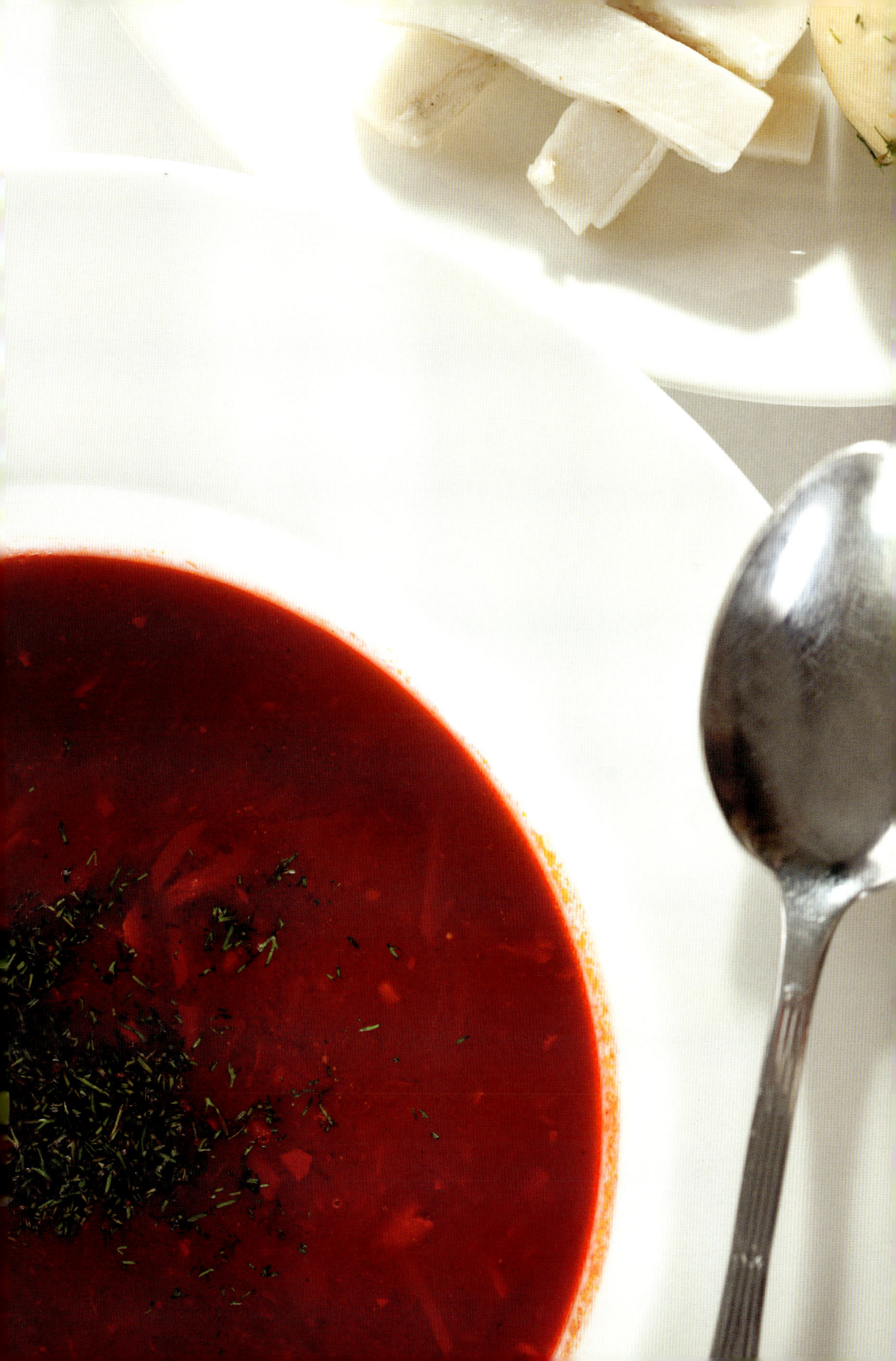

## VEGETARISCHE SUPPEN

4 Portionen | 30 Min. | leicht

# ROSENKOHLSUPPE

**Zubereitungszeit: 30 Minuten**
**Zutaten für 4 Portionen**

| 100 g Kartoffeln |
| 800 g Gemüsebrühe |
| 5 g Salz |
| 400 g Rosenkohl |
| 100 g Weißwein |
| 100 g Sahne |
| 1 Prise weißer Pfeffer |
| 1 Prise Muskat |

**1.** Zu Beginn schälst du die Kartoffeln und schneidest sie in Würfel. Koch sie zusammen mit der Brühe und dem Salz im Mixtopf 12 Minuten/ 100°C/ Stufe 1.

**2.** Währenddessen putzt du den Rosenkohl und schneidest ihn in Hälften. Gib die Hälften danach zusammen mit dem Weißwein und der Sahne zu der Flüssigkeit im Mixtopf und lass die Mischung weitere 12 Minuten/ 100°C/ Stufe 1 köcheln.

**3.** Schmeck die Suppe anschließend mit Pfeffer und Muskat ab und püriere sie 1 Minute, wobei du nach und nach von Stufe 4 auf Stufe 8 hochschaltest.

**mixtipp**
Wusstest du, dass Rosenkohl ursprünglich aus Belgien stammt?

## mixtipp

Das charakteristische Aroma in der Suppe lässt sich abrunden, wenn man beim Kochen eine Prise Zucker in die Brühe gibt.

# ZUCCHINI-MINZ-SUPPE

4 Portionen | 30 Min. | leicht

**Zubereitungszeit: 30 Minuten**
**Zutaten für 4 Portionen**

- 50 g Pecorino, in Stücken
- 500 g Zucchini, in Stücken
- 2 Schalotten, halbiert
- 1 Knoblauchzehe
- 20 g Olivenöl
- 500 g Gemüsebrühe
- Salz nach Belieben
- Pfeffer nach Belieben
- Zucker nach Belieben
- 6 EL Minze

1. Als Erstes zerkleinerst du den Pecorino mit Mixtopf 8 Sekunden/ Stufe 10 und stellst ihn dann beiseite. Spüle den Mixtopf aus.

2. Nun wäschst und halbierst du die Zucchini (schälen brauchst du sie nicht). Dann schneidest du sie in 2 cm große Stücke und füllst sie um.

3. Schäle und halbiere die Schalotten, gib sie gemeinsam mit dem Knoblauch in den Mixtopf, zerkleinere sie 5 Sekunden/ Stufe 5 und schieb alles mit dem Spatel nach unten. Dann gießt du das Öl dazu und dünstest sie darin 2 Minuten/ Varoma/ Stufe 1.

4. Gib dann die geschnittenen Zucchini dazu, zerkleinere sie 7 Sekunden/ Stufe 6 und schieb sie mit dem Spatel nach unten. Dünste sie 1 Minute/ Varoma/ Stufe 1 mit an und füge danach die Gemüsebrühe hinzu. Lass alles 20 Minuten/ 100°C/ Stufe 1 garen.

5. Würze nun dein Süppchen mit Salz, Pfeffer und Zucker. Gib es in Teller und bestreu es noch mit der Minze und dem Pecorino.

**mixtipp**
Es gibt über 30 verschiedene Minzsorten mit sehr unterschiedlichen Aromen. Wir empfehlen Basilikum-Minze oder griechische Minze.

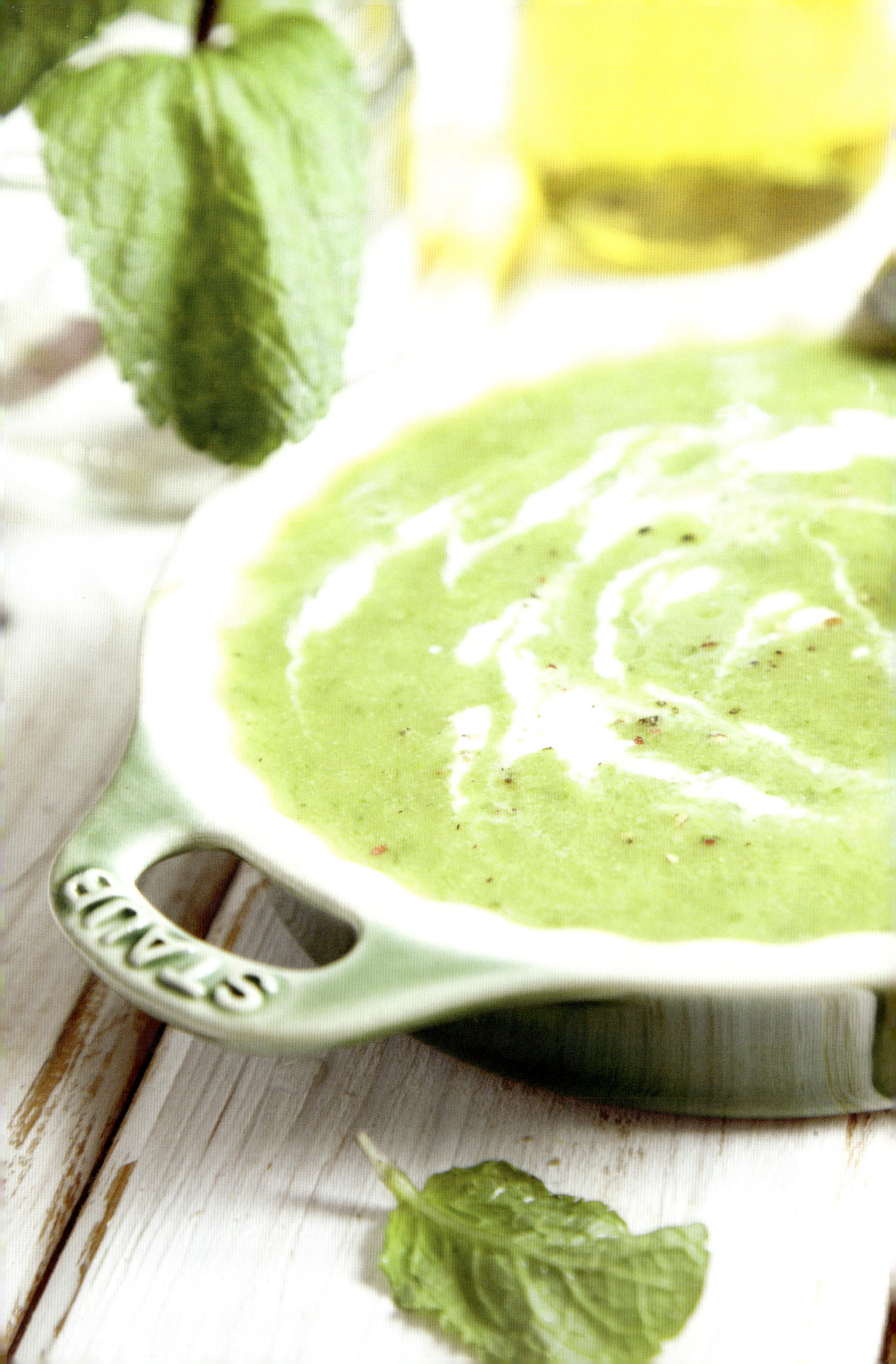
STAUB

# *mixtipp*

## MIXT DU SCHON?

**Du bist ein Fan des Thermomix?**

**Du hast kreative Ideen, die du gerne mit deinem Thermomix umsetzt?**

**Du möchtest immer wieder neue Rezepte mit deinem Thermomix ausprobieren?**

**Dann suchen wir dich!**

Ob internationale Küche, feine Backideen oder saisonale Rezepte, von der Haute Cuisine bis zur Hausmannskost, vom Lieblingsessen für die Kleinen bis zu raffinierten Spezialitäten für die große Party – wir suchen innovative Ideen fürs Kochen mit dem Thermomix!

Wenn du Lust hast, ein Kochbuch mit uns zu machen, Rezepte für eins unserer nächsten Thermomix-Bücher aus deiner persönlichen Sammlung beizusteuern oder deine Tipps und Tricks mit anderen Thermomix-Fans teilen willst, melde dich bei uns:

**Edition Lempertz, Team MIXtipp, Hauptstr. 354, 53639 Königswinter**
**Tel.: 02223 / 900036, Fax: 02223 / 900038**
**info@edition-lempertz.de, www.edition-lempertz.de**

**LEMPERTZ**

# mixtipp

## WEITERE TITEL AUS DIESER REIHE

**MIXtipp:
Mediterrane Rezepte**

104 Seiten,
Format: 17 x 24 cm,
Klappenbroschur,
durchgehend farbig bebildert
ISBN: 978-3-945152-51-5, **9,99 €**

Maria del Carmen Martin-Gonzalez, langjährige Mitarbeiterin der spanischen Thermomix-Zeitschrift „Cocina tu misma con Thermomix", hat in diesem Buch ihre Lieblingsrezepte für uns zusammengestellt. Ob eine Kastilische Cremesuppe, ein Vitello Tonnato oder ein Toskanischer Kaninchentopf auf dem Speiseplan stehen soll oder einfach ein leckeres Gyros oder Spaghetti Carbonara – alle Rezepte lassen sich problemlos mit dem TM 5 und dem TM 31 nachkochen. Mit dem Thermomix und unseren Rezepten kannst du ohne lange Vorbereitungszeit tolle mediterrane Gerichte schonend zubereiten. Entdecke deine mediterrane Seele und genieße neue kulinarische Geschmacksmomente mit dem Thermomix und unseren MIXtipps!

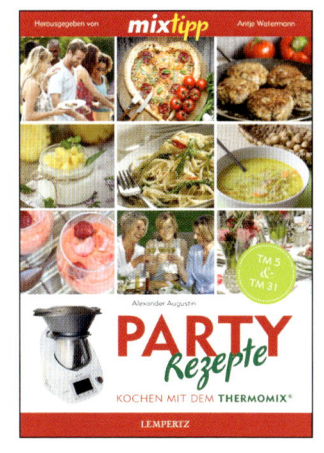

**MIXtipp:
Party-Rezepte**

104 Seiten,
Format: 17 x 24 cm,
Klappenbroschur,
durchgehend farbig bebildert
ISBN: 978-3-945152-50-8, **9,99 €**

Du planst eine fetzige Geburtstagsparty? Eine gruselige Halloweenparty? Oder du suchst nach Ideen für deine Sommerparty im Garten? Mit diesem Buch findest du die originellsten und leckersten Rezepte für jede Gelegenheit!
Pizzaschnecken und Spaghettisalat, Guacamole und Paprikadip, Nussecken und Quarktaschen – mit diesen Rezepten und vielen mehr gelingt dir jede Party, egal ob für 5 oder 50 Personen. Alexander Augustin hat in diesem Buch die besten süßen und herzhaften Partysnacks, tolle Ideen für einzelne Gerichte und ganze Buffets aus seiner Rezeptsammlung zusammengestellt. Alles lässt sich natürlich mühelos mit dem TM 5 oder dem TM 31 zubereiten. So ist eine stressfreie Vorbereitung garantiert. Kümmere dich in aller Ruhe um deine Gäste und genieß die Party, Thermomix kümmert sich um das Essen.

**MIXtipp:
Vegane Rezepte**

112 Seiten,
Format: 17 x 24 cm,
Klappenbroschur,
durchgehend farbig bebildert
ISBN: 978-3-945152-52-2, **9,99 €**

Ethisch, vielfältig und bunt - die vegane Küche ist so entdeckungslustig und international wie kaum eine andere! Ob du dich selbst vegan ernähren oder für vegane Freunde ein Essen zubereiten möchtest, hier findest du gesunde, abwechslungsreiche Rezepte von Couscous-Salat über Maronencremesuppe bis zum Marokkanischen Gemüsetopf – natürlich ganz ohne tierische Zutaten! Alle lassen sich ganz leicht mit dem TM 5 und TM 31 zubereiten - das Schneiden von Gemüse und Obst erledigt der Thermomix für dich. Laura Wieland hat in diesem Buch die leckersten und originellsten veganen Rezeptideen aus ihrer Sammlung zusammengestellt. Zusätzlich findest du viele Tipps zu veganen Zutaten und Zubereitungsarten, mit denen du selbst ganz nach deinem Geschmack traditionelle Gerichte neu entdecken und vegane Köstlichkeiten kreieren kannst.

**LEMPERTZ**

# mixtipp

## WEITERE TITEL AUS DIESER REIHE

**MIXtipp:**
**Baby- und Kleinkinder-Rezepte**
96 Seiten,
Format: 17 x 24 cm,
Klappenbroschur,
durchgehend farbig bebildert
ISBN: 978-3-945152-53-9, **9,99 €**

Gerade für die Kleinen sollte das Essen lecker, abwechslungsreich, frisch und gesund sein! Hier findest du süße und herzhafte Rezepte vom ersten Brei bis hin zu kleinen Mahlzeiten. Mit unserem Thermomix-Kochbuch für Kinder, das extra auf den TM 31 und den TM 5 abgestimmt ist, kannst du in kürzester Zeit das Essen für die Kleinen zubereiten. Kein Stress, kaum Spül- und wenig Vorbereitungszeit – wenn andere noch kochen, kannst du schon wieder kuscheln.
Alle Gerichte sind ernährungsphysiologisch erprobt und lassen sich schnell vorbereiten, mühelos zubereiten und problemlos einfrieren. Einfach babyleicht und lecker!

**MIXtipp:**
**Lasst uns Grillen**
120 Seiten,
Format: 17 x 24 cm,
Klappenbroschur,
durchgehend farbig bebildert
ISBN: 978-3-945152-69-0, **9,99 €**

Hier hat Philipp „Grill-Phil" Beckmann seine besten Grillrezepte und Grilltipps zusammengestellt - von Chicken Wings über Forellenfrikadellen bis zu den köstlichen MIXtipp-Ribs ist alles dabei, was das Herz jedes Grillfans höherschlagen lässt. Dafür, dass Steaks und Koteletts erst so richtig gut schmecken, sorgen abwechslungsreiche Marinaden - von der Altbier-Marinade bis zur andalusischen Gewürzmischung. Kresse-Dip und Feta-Aufstrich geben köstlichen Beilagen wie Zwiebel-Focaccia und Stockbrot den Extra-Kick. Egal, ob du es scharf, mild oder fruchtig magst: Mit Sweet Onion-Apricot-Sauce, Knoblauchsauce und Curry spezial findest du auf jeden Fall etwas ganz nach deinem Geschmack! Und wenn du mal eine Pause vom Grillfleisch brauchst, lass dich von Salaten wie dem sommerlichen Walnusssalat und Kentucky Coleslaw verführen.

**MIXtipp:**
**Lieblingsmarmeladen**
104 Seiten,
Format: 17 x 24 cm,
Klappenbroschur,
durchgehend farbig bebildert
ISBN: 978-3-945152-72-0, **9,99 €**

Ein Morgen ohne Marmelade ist ein schlechter Morgen. Wir bieten 40 Rezepte, die jeden Tag aufs Neue versüßen! Von Omas zauberhafter Zwetschgenmarmelade über die klassische Erdbeermarmelade bis hin zu pfiffigen Kombinationen wie Hugo-Holunderblüte-Prosecco-Gelee, Rhabarber-Bananen-Mus oder Orangen-Aperol-Spritz-Marmelade findest du in den Mixtipps ganz sicher deine Lieblingskonfitüre.

# LEMPERTZ

# mixtipp

## WEITERE TITEL AUS DIESER REIHE

**MIXtipp:
Lieblingseis**

ca. 96 Seiten,
Format: 17 x 24 cm,
Klappenbroschur,
durchgehend farbig bebildert
ISBN: 978-3-945152-71-3, **9,99 €**

Lust auf Eis? Ob es ganz klassische Vanille-, leckere Schoko-Cookie- oder eine ausgefallene Kreation wie Kiwi-Mango-Eiscreme sein soll: Mit dieser Rezeptsammlung und dem Thermomix kannst du ganz einfach und schnell deine Lieblingseissorten zaubern! Dabei findest du alles vom erfrischenden Wassereis und Sorbet über cremig-süßes Milcheis bis zu den besten Fruchteissorten mit köstlichen Obststückchen. Sowohl mit dem TM 5 als auch mit dem TM 31 lassen sich alle Rezepte superschnell zubereiten und mischen – genau das Richtige an einem heißen Sommertag!

**MIXtipp:
Leichte Küche**

ca. 96 Seiten,
Format: 17 x 24 cm,
Klappenbroschur,
durchgehend farbig bebildert
ISBN: 978-3-945152-70-6, **9,99 €**

Warum nicht schlank schlemmen mit dem Thermomix? Wer sich gesund ernähren möchte, muss nicht auf schmackhafte Gerichte verzichten: Tomaten-Paprikacremesuppe, Hähnchenbrust Provencal, Schlemmerfilet Pute mit Kartoffelgratin, Tiramisu und Beerensofteis klingen eher nach „mehr" als nach weniger! Kalorienarme Gerichte werden durch die schonende und schnelle Zubereitung mit dem besten Kochpartner der Welt, dem Thermomix, zu einer schmackhaften Alternative! Mit unseren Rezepten und deinem Thermomix zauberst du gesunde, vitaminreiche Speisen für die ganze Familie auf den Tisch. Lecker!

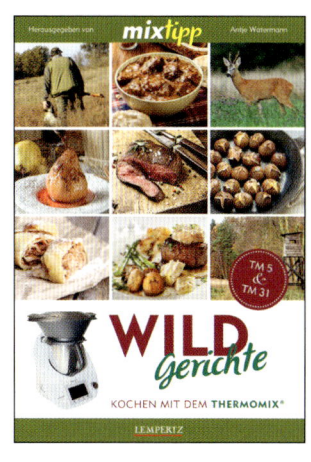

**MIXtipp:
Wildgerichte**

ca. 96 Seiten,
Format: 17 x 24 cm,
Klappenbroschur,
durchgehend farbig bebildert
ISBN: 978-3-945152-74-4, **9,99 €**

Bist du bei der Zubereitung von Wildfleisch mit deinem Jägerlatein am Ende?
Hältst du Halali für ein arabisches Linsengericht und Eichelmast für eine Art Mobilfunkturm? Dann brauchst du dieses Buch: leckere Wildgerichte, schnell und einfach zubereitet mit dem Thermomix. Ob Saltimbocca vom Hirsch, Rehgulasch, Western-Wildschweinburger, in Rotwein geschmortes Hasenragout oder knuspriger Wildentenbraten, wir haben eine große Auswahl an Rezepten für jede Wildart, bestehend aus Klassikern und modern komponierten Gerichten für Thermomix zusammengestellt. Das schmeckt jedem Jäger und ein dreifaches Horrido ist dir sicher!

# LEMPERTZ

# Weitere Titel in der Edition Lempertz:

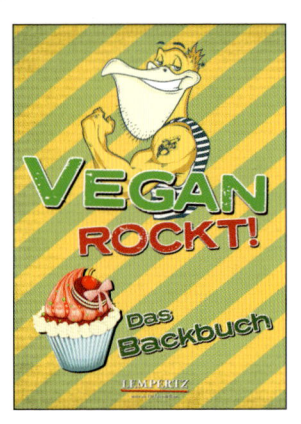

**Vegan rockt!
Das Backbuch**

Klappenbroschur, 216 Seiten, Format: 17 x 24 cm, durchgehend farbig bebildert ISBN: 978-3-943883-29-9, **14,99 €**

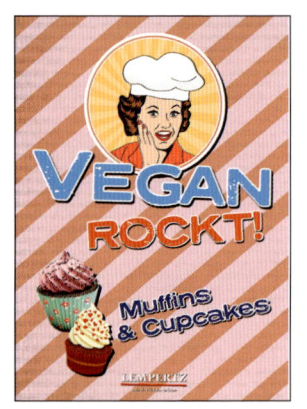

**Vegan rockt!
Muffins & Cupcakes**

Klappenbroschur, 208 Seiten, Format: 17 x 24 cm, durchgehend farbig bebildert ISBN: 978-3-943883-21-3, **14,99 €**

**Vegan rockt!
Das Kochbuch**

Klappenbroschur, 200 Seiten, Format: 17 x 24 cm, durchgehend farbig bebildert ISBN: 978-3-943883-55-8, **14,99 €**

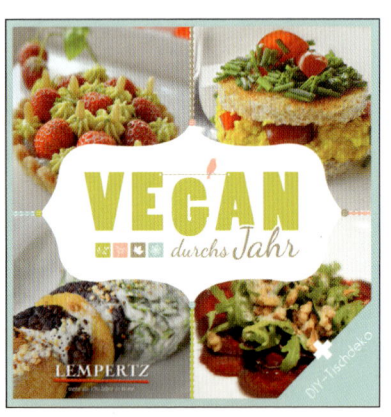

**Vegan durchs Jahr**

Softcover, 144 Seiten, Format: 21 x 21 cm, durchgehend farbig bebildert, ISBN: 978-3-945152-47-8, **ca. 16,99 €**

**Vegan rockt!
Die besten Rezepte aus aller Welt**

Klappenbroschur, ca. 208 Seiten, Format: 17 x 24 cm, durchgehend farbig bebildert, ISBN: 978-3-945152-48-5, **ca. 14,99 €** erscheint ca. Oktober 2015

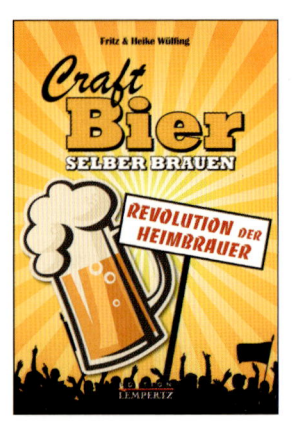

**Craft Bier selber brauen – Revolution der Heimbrauer**

Klappenbroschur, 160 Seiten, Format: 17 x 24 cm, durchgehend farbig bebildert, ISBN: 978-3-943883-15-2, **16,99 €**

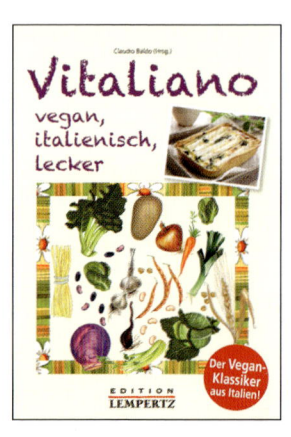

**Vitaliano – vegan, italienisch, lecker**

Softcover, 136 Seiten, Format 15 x 21 cm, ISBN: 978-3-943883-86-2, **12,99 €**

## EDITION LEMPERTZ

Hauptstraße 354, 53639 Königswinter, Tel.: 02223/900036, Fax: 02223/900038
info@edition-lempertz.de, www.edition-lempertz.de